生物学跨学科实践活动开发

禹 萍 孟繁健◎著

安徽师范大学出版社

ANHUI NORMAL UNIVERSITY PRESS

·芜湖·

图书在版编目(CIP)数据

生物学跨学科实践活动开发 / 禹萍, 孟繁健编著.

芜湖：安徽师范大学出版社, 2024. 9. -- ISBN 978-7

-5676-6548-4

Ⅰ. G633.912

中国国家版本馆 CIP 数据核字第 2024D840K0 号

生物学跨学科实践活动开发

禹 萍 孟繁健◎著

责任编辑：童 睿 责任校对：李 娟

装帧设计：王晴晴 冯君君 责任印制：桑国磊

出版发行：安徽师范大学出版社

芜湖市北京中路2号安徽师范大学赭山校区 邮政编码：241000

网 址：http://www.ahnupress.com/

发 行 部：0553-3883578 5910327 5910310(传真)

印 刷：江苏凤凰数码印务有限公司

版 次：2024年9月第1版

印 次：2024年9月第1次印刷

规 格：700 mm × 1000 mm 1/16

印 张：15

字 数：245千字

书 号：978-7-5676-6548-4

定 价：48.80元

序

　　2017年颁布的《普通高中课程方案（2017年版）》及普通高中各学科课程标准凝练了各学科核心素养，提倡学科综合。2022年《义务教育课程方案（2022年版）》及《义务教育生物学课程标准（2022年版）》（以下统称"新课标"）正式颁布。新课标明确提出了"学习主题为框架""教学过程重实践"等课程理念。在课程内容中设置了7个学习主题，并专门将"生物学与社会·跨学科实践"作为一个学习主题，且强调跨学科实践学习主题在课程设置上约占课程总课时的10%。新课标要求通过跨学科实践活动主题的学习，学生能够尝试运用生物学、化学、物理、地理和数学等多学科的知识和方法，理解科学、技术、工程学和数学等学科的相互关系，解决现实问题或生产特定的产品，发展核心素养。新一轮课改提倡开发和利用课程资源，期待各级教育行政部门、教研机构、学校和教师形成合力，积极开发并合理利用各种课程资源。跨学科实践是新一轮课改的亮点、难点。开发跨学科实践活动应成为教研工作者的基本任务，开展跨学科实践活动落实学生的核心素养应是教师课堂教学和课外活动的必修内容。

　　马鞍山市教育科学研究院禹萍老师及马鞍山市外国语学校孟繁健校长围绕跨学科实践活动学习主题进行思考、选择与设计，开发并整理出20个跨学科实践活动。这些跨学科实践活动主要立足生物学，融合了化学、物理等其他学科知识、思想和方法，多适宜在义务教育阶段开展。这些跨学科实践活动学习主题中有的涉及探究实践，如"探究植物叶片如何高效吸收光能""探究光照是光合作用的必要条件"等；有的涉及模型建构，如"DNA模型建构""制作细胞的物理模型""制作肺的通气模型""从鸟到纸飞机"等；有的涉及微生物发酵，如"探秘舌尖上的美味——酸奶"；有的是教材中的相关知识点的拓展与实践，如"细胞呼吸的奥秘""蛋壳的奥秘""人体中的杠杆"等；有的本身就是教材中的内容，但挖掘并增加了其他学科思维点或知识，如"人的性别遗传""眼和视觉""模拟血型鉴定实验""速度与激情""耳与听觉"等；还有的是依据学生兴趣结合社会文化生活引发的跨学科实践活动主题，如"制作叶画""剪纸画中的单细胞生物""制作细胞膜的流动镶嵌模型""设计校园绿化"等。

课程资源不仅影响教师的教学过程和教学方式，也影响学生的学习过程和学习方式。禹萍、孟繁健等在跨学科实践活动中大胆尝试，不仅指导教师如何开展跨学科实践活动，为活动的开展和实施提供实施方案、教学设计思路等，而且为其他教师进一步开发跨学科实践活动主题提供了参考。值此《生物学跨学科实践活动开发》出版之际，特作序，以示为贺。也希望更多一线教师阅读此书后，能有所收获，开阔视野。

钟健政

安徽省教育科学研究院

前　言

教而不研则浅！为积极响应新一轮课改精神，笔者开展了多项省、市级项目或课题研究，如"IDE 视角下初中理科实践活动的开发和利用"（课题编号：JK21118），"核心素养背景下的数字化实验室在中学生物实验中的应用与研究"（课题编号：MJG19021），"DISlab（数字化实验室）在高中生物实验教学中的应用研究"（课题编号：AH2018230）。在这些课题研究中，笔者关注探究与实践，积累了一些经验，初步形成了粗浅的文字。2022 年，义务教育新课标对跨学科实践学习主题提出了明确要求。结合前期研究，笔者主持或作为主要成员成功申请了"跨学科视角下中学生物学综合性作业设计与研究"（课题编号：MJG22017），"STEAM 教育理念下初中跨学科综合实验室的建设与应用"（课题编号：ZB23158），"基于 C-POTE 模型的初中生物学综合实践活动研究"（课题编号：JKT24129），聚焦跨学科实践活动案例的开发，取得了一些成果。现将项目研究中开发的多个跨学科实践活动案例整理出来，分享给广大教师和学生，接受大家的批评与指正。

笔者在构建本书框架后，将开发的 20 个跨学科实践活动请教师团队进行实践，再进行修改和整理。在项目研究过程中，笔者从选择跨学科实践活动学习主题，到设计实施思路、编制实施方案、开发生本课程、编写教学设计等，再到组织教师开展跨学科实践教学，进一步打磨实施方案和生本课程等，直至最终定稿。这期间经历了多次打磨和修订，大约花费了两年时间。说是两年，其实又不止两年，因为本书中有些跨学科实践活动的实施思路来源于多年前教师带领学生开展的实践活动或科技创新活动，如"制作肺的通气模型""人的性别遗传""设计校园绿化"等。笔者对这些实践活动再次进行了梳理，重点从跨学科视域进行了跨学科知识点或思维点的分析，挖掘其中蕴含的学科概念和跨学科概念。所开发的跨学科实践活动案例，主要立足生物学科，同时关注与其他学科的融合。在打磨校对的过程中，笔者发现本书"生本课程"部分并没有完全从学生视角撰写，所以又重新审校与修改，重点突出学生的任务化及活动化。在修改打磨的过程中，笔者针对不同的跨学科实践活动，在"生本课程"中还增添了较适宜的"跨学科实践活动物化作品的评价量规""跨学科实践活动评价与反思表"等。在对每一篇第三部分"教学参考"中的教学设计环节修改和校稿时，笔者重点关注了教学过程中教师布置的任务和引导学生开展的活动是否与第二部分"生本课程"相匹配；关注了教学意图的表述是否从核心素养的培育和学科融合的视角进行的；还关注了综合性作业的设计是否体现实践性、跨学科性等。

研而不教则空！本书开发的20篇跨学科实践活动多数与初中生物学新教材中的"综合实践项目"相关联。例如，第一、二、三篇与"栽培一种植物，探究所需的环境条件"关联，第四、八、十三、十五、二十篇与"设计并制作人体结构模型"关联，第七篇与"制作细胞模型"关联，第十四篇与"利用细菌或真菌制作发酵食品"关联。针对本书20个跨学科实践活动，笔者制订了跨学科教学目标，带领教师团队开展跨学科实践活动。这些跨学科实践活动得到王春阳老师、李华老师、杨冰老师、江芸老师、黄涛老师、吴雪梅老师、史广富老师、胡泰桢老师、吴莎莎老师、苏吉霞老师、陈黎黎老师等项目组成员的大力支持，他们是来自不同学校的一线教师。通过他们进行的教学实践，相关的跨学科教学理念和思维点在他们的课堂上得到实践，有的课例还在市教学研讨活动中进行了展示，听课教师深受启发。最后校稿阶段，也得到了他们的帮助和支持，在此一并致谢！

紧跟新课改的步伐，我们的教学方向就不会跑偏。笔者从跨学科教学视域设计教学目标及相关任务也许还不到位，但经过尝试和摸索才有进步的可能。无论是本书的"生本课程"，还是"教学参考"，都还有很多地方需要进一步完善，期待大家批评指正。

目　录

第一篇　探究植物叶片如何高效吸收光能

基本概况

本篇主要探究植物叶片如何高效吸收光能从而进行旺盛的光合作用。光合作用是中学生物学教学的重点内容。为了帮助学生深入理解光合作用的相关知识，可以围绕植物叶片与光的关系进行实践活动。从生物与环境的适应观来说，植物进行旺盛的光合作用，依赖于叶片能高效吸收光能。

本篇的跨学科实践活动融合了生物学、物理、化学和数学等多学科知识，可帮助学生深度理解植物叶片如何高效吸收光能，形成生物与环境的适应观，有效提升学生学科间综合应用能力和核心素养。

本篇的探究问题需要从不同维度展开思考，所以根据学生情况将本节内容分解成多个小问题进行探究，如"叶片生长具有向光性吗？"（生物学），"扁平的叶片更有利于接受光照吗？"（物理、数学和生物学），"绿叶用于吸收光能的色素只有叶绿素吗？"（生物学、化学）等。在进行本篇跨学科实践活动的过程中，教师需要引导学生完成以下探究或实践任务。任务一，培养植物幼苗，观察幼苗的生长，培养观察和劳动能力，同时学会实验设计、分析数据、总结归纳并得出结论；任务二，利用数学模拟计算叶片表面积与厚度的关系，并实际测定一片叶片的厚度；任务三，运用化学层析法分离绿叶中的色素，知道绿叶中并不是只有叶绿素。

依据初中生物学教学进度和气候因素，本篇的跨学科实践活动可以结合新课标的课程内容"植物的生活""生物学与社会·跨学科实践"学习主题的相关要求来开展。此实验时间跨度较长，大约要一个月时间，需要学生随时观察幼苗生长状况。此外，化学层析法的原理对于初中生而言较难，需要补充说明，建议安排3课时。

生 本 课 程

"万物生长靠太阳"。植物通过光合作用把光能储存在制造的有机物中，为自己和其他生物的生存提供营养。光是影响光合作用强度的重要因素之一。植物的叶片从生长出来的第一天，就在"拼命"追求阳光，充分吸收光能进行光合作用。

观察墙壁上的爬山虎，你会发现满墙都是叶片。叶片为什么总是面向墙外？扁平的叶片是不是更有利于接受光照？叶片用于吸收光能的色素只有叶绿素吗？我们一起设计实验，求证答案吧。

一、任务挑战

种植并培育幼苗，观察幼苗的生长。设计对照实验，探究叶片的生长具有向光性。从数学角度说明扁平的叶片更有利于接受光照，并测出一片叶片的厚度。利用化学中物质分离方法探究绿叶中吸收光能的色素种类。

二、活动准备

材料用具：芸豆种子、花盆、肥沃土壤、铲子、纸箱、剪刀、细木棒、细线、毫米刻度尺、圆形定性滤纸、铅笔、硬币、层析液、烧杯等。

分组分工：1~4人为一小组，每小组种植一盆芸豆幼苗。

三、活动过程

（一）活动1：种植芸豆，培育幼苗

观看芸豆种子萌发的视频，然后用花盆种植芸豆并培育幼苗，各小组定时观察幼苗生长状况。

（二）活动2：探究叶片的生长具有向光性

1.原理

植物茎的生长具有向光性，叶片生长出来后也有向光性。叶片上表面向着光源方向伸展，有利于接受光照，充分进行光合作用。

2.步骤

（1）种子刚长出第一片真叶时，选择长势一致的盆栽幼苗，随机平分成甲、乙两组，各小组自由选择加入组别。

（2）用细线把幼苗固定在细木棒上，甲组套上顶部开口的纸箱，乙组套上侧面开口的纸箱，如图1所示。

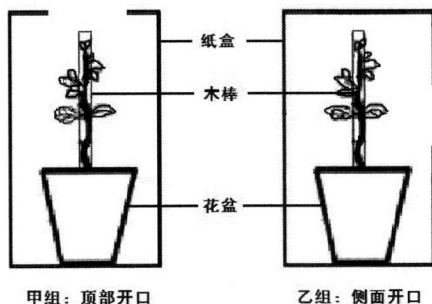

图1　叶片向光性生长实验

（3）在相同和适宜条件下培养3天，观察两组幼苗真叶伸展状况。

3.结果与结论

甲组叶片上表面朝向顶部，乙组叶片上表面朝向右侧，所以叶片生长有向光性，即上表面向着光伸展。

（三）活动3：模拟计算扁平的叶片更有利于接受光照

1.原理

由于太阳距离地球很远，太阳光可以视为平行光。当光线直射长方体一个面时，则其他面无光。叶片上表面向着光源方向伸展时，接受光照的主要是叶片的正面。

2.步骤

（1）在体积相同的条件下，叶片的厚度不同，受光面积会发生变化，计算并填写表1。

表1　叶片厚度对受光面积的影响

项目	厚度0.1mm	厚度1mm	厚度10mm
体积/mm³	1000	1000	1000
受光面积/mm²			

由结果可知，在相同体积下叶片越薄，受光面积越大。

（2）真叶厚度测量：摘下芸豆真叶20片，压实后用毫米刻度尺测量总厚度，然后求出一片叶片的厚度。

3.结果与结论

植物叶片形状多种多样，但是厚度一般都很薄。这是因为增加叶片的面积，有利于充分接受光照。

（四）活动4：探究绿叶中吸收光能的色素种类

1.原理

不同色素在有机溶剂中的溶解度不同，在滤纸上扩散的速度也就不相同。纸层析时溶解度越大的色素随层析液在滤纸条上扩散就越快，这样不同色素就会在滤纸条上逐渐分开。

2.步骤

（1）制备滤纸条。取一干燥的圆形定性滤纸裁剪成大约10cm×1cm的长方形。选择一端在1cm处用铅笔画线，做好记号备用。

（2）画色素细线。在滤纸条铅笔线上覆盖芸豆的绿叶，用硬币侧面边缘沿铅笔线反复滚压绿叶，移动绿叶重复滚压3～5次，直至在铅笔线上出现深绿色的色素线。

（3）色素的层析分离。将适量层析液倒入小烧杯中，把滤纸条画线端插入层析液，层析5～10分钟，观察与记录滤纸条上的色带。注意：层析液液面不能浸没色素线，小烧杯加盖防止层析液挥发。

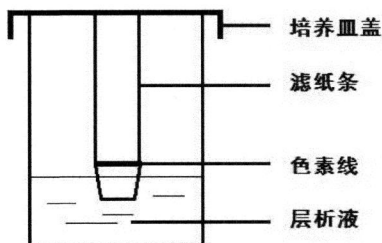

图2　色素的层析分离

3.结果与结论

层析结束后，观察到滤纸条上出现4条不同色带，说明芸豆的绿叶中有4种色素。

四、综合性作业与答案

1.综合性作业

（1）叶片向光性生长实验证明叶片生长出来后，也具有_____性，即上表面向着_____方向伸展。

（2）植物叶片形状多种多样，在相同体积下叶片越薄，受光面积越_____，吸收光能越_____。

（3）绿叶色素层析分离后，观察到滤纸条上出现_____条不同色带，说明芸豆的绿叶中有_____种色素。

（4）查阅资料，了解实验中出现的几种色素名称。

（5）试着种植或水培一种植物，放在窗口，观察它的生长情况，记录下来并向同学介绍。

2.参考答案

（1）向光　光源　（2）大　多　（3）4　4　（4）略　（5）略

五、评价与反思

对本次活动进行评价与反思，如表2所示。

表2　跨学科实践活动评价与反思表

评价指标	评价标准	评价等级（填：优秀、一般、合格）
参与程度	小组成员有明确的职责，能发挥自己的作用	
合作交流	积极参加小组讨论，并提出自己的观点	
创新意识	活动有创新意识，并能在成果中实现	
反思：你认为此活动中最有意思或最感兴趣的步骤或细节是什么？		
签名：　　　　　年　　月　　日		

教学参考

光合作用是中学生物学教学的重点内容，为了帮助学生深入理解光合作用相关知识，我们可以围绕植物叶片与光的关系进行实践活动。

情景1：明媚的阳光下植物生长旺盛，如大森林。

情景2：每一片叶子都在努力地追寻阳光，如爬山虎。

植物叶片能充分吸收太阳的光能，进行光合作用，从而满足自身的生长需要。

通过本次实践活动，理解植物叶片如何高效吸收光能，形成生物与环境的适应观，进一步提高实验设计和动手操作的能力。

一、教学方案

（一）提出问题

植物叶片如何高效吸收光能？叶片生长具有向光性吗？（生物学）

扁平的叶片更有利于接受光照吗？（物理、数学）

绿叶用于吸收光能的色素只有叶绿素吗？（生物学、化学）

（二）教学计划

观看芸豆种子萌发的视频并播种和培育幼苗，探究叶片的生长具有向光性，模拟计算扁平的叶片更有利于接受光照，探究绿叶中吸收光能的色素种类。

（三）教学思路

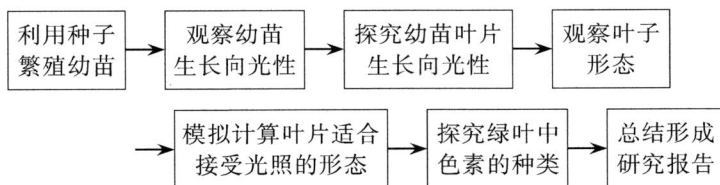

二、教学设计

（一）跨学科实践教学目标

教学目标	涉及学科	核心素养
通过设计生物学对照实验，探究叶片的朝向与光照关系，培养学生科学探究和科学思维的能力	生物学	科学思维、探究实践
在叶片体积不变的情况下，利用数学模拟计算叶片表面积与厚度的关系，并实际测量一片叶的厚度，进一步培养科学思维和知识综合运用能力	数学物理	数学运算、数据分析科学思维、科学探究

教学目标	涉及学科	核心素养
通过设计生物学对照实验,运用化学层析法分离绿叶中的色素,知道绿叶中并不是只有叶绿素,体会科学知识在生产生活中的应用	生物学化学	生命观念、探究实践科学思维、化学观念
通过一系列的探究活动,形成植物可以高效吸收光能进行光合作用的认识,体会生物总是适应一定环境的生命观念	生物学	生命观念、探究实践、科学思维
能通过展示交流与评价,培养学生的语言表达和归纳总结能力	语文	语言运用、思维能力

(二)教学准备

1.教师准备

材料用具:芸豆种子、花盆、肥沃土壤、铲子、纸箱、剪刀、细木棒、细线、圆形定性滤纸、层析液、烧杯等。

视频资料:《种子萌发》。

2.学生准备

材料用具:刻度尺、铅笔、硬币等。

(三)教学重难点

1.教学重点

通过对照实验探究出叶片的朝向与光照关系;认同叶片的受光面积越大,越有利于光合作用;知道绿叶光合作用需要多种吸收光能的色素。

2.教学难点

此实验时间跨度较长,大约一个月,需要学生随时观察幼苗生长状况。教师要根据种子萌发的情况,在课余时间集中完成实验。学生需要学会利用跨学科知识设计实验,探究和解决学习中遇到的实际问题。此外,化学层析法原理对于初中生而言较难,需要补充说明。

（四）教学过程

教学环节	教师活动	学生活动	教学意图
引言	播放大森林、爬山虎的配乐视频（"万物生长靠太阳"。植物通过光合作用把光能储存在制造的有机物中，为自己和其他生物的生存提供营养。植物叶片从生长出来的第一天，就在"拼命"追求阳光，充分吸收光能进行光合作用）	观看视频，边听边思，进入主题	利用情景引发学生思考，产生认知冲突，激发求知欲。同时，培养学生提出问题的能力，引出本次活动的主题
芸豆种子萌发实验	播放视频，指导种植	观看种子萌发的过程，回忆种子的结构。盆栽播种芸豆种子，每小组1盆，4粒种子	了解种子萌发的大致过程以及幼苗的叶形，巩固种子的结构知识
观察植物生长具有向光性	提供图片，指导观察 思考：植物生长向光性的意义是什么	观察思考。植物生长向光性有利于接受更多的光照，进行光合作用	从植物生长向光性向叶片生长向光性过渡，认同生物总是适应一定的环境，渗透进化与适应观
探究植物叶片生长具有向光性	植物茎的生长具有向光性，叶片生长出来后也有向光性，即上表面向着光源方向伸展。这样有利于接受光照，充分进行光合作用 思考：该实验如何设计 引导设计对照实验	设计实验并按步骤完成，观察结果，分析结论	探究并认同叶片的伸展方向要适合接受光照，进一步形成生物与环境的适应观；开展探究实践活动，培养学生的探究实践能力；让学生进行比较、分析，发展学生的科学思维

教学环节	教师活动	学生活动	教学意图
模拟计算扁平的叶片更有利于接受光照	由于太阳距离地球很远，太阳光可以视为平行光。当光线直射长方体一个面时，其他面无光。叶片上表面向着光源方向伸展时，接受光照的主要是正面 思考：芸豆叶片很薄，你如何测出叶片厚度？ 指导计算和测量	计算不同厚度叶片的受光面积，测定叶片的厚度	了解叶片的形态要适合接受光照，进一步形成生物与环境的适应观。学会利用数学和物理知识解释叶片薄而扁平的原因，发展学生的科学思维
探究叶片中是不是只有叶绿素	画图解释层析法原理，然后过渡到不同色素在有机溶剂中的纸层析；引导设计实验，并指导实验步骤的完成，注意层析液液面不能浸没色素线	按步骤完成，观察结果，分析结论	探究并认同植物绿叶中有多种色素，渗透结构与功能观。开展探究实践活动，培养学生的探究实践能力。让学生进行分析，发展学生的科学思维，学会利用化学知识解决物质分离问题
评价与练习	出示评价量表，指导评价	完成评价	使学生及时回顾活动中的收获，肯定自己，激发兴趣
布置作业	布置综合性作业	完成作业	体现实践性、跨学科性

（五）课后反思

本活动主题细分后需要探究的问题很多，涉及的学科也比较多。尽管设计三个实验，仍不能充分说明植物叶片是如何高效吸收光能，如叶绿体类囊体结构也应该探究。但这些并不影响主题教学的意义，因为科学探究本身就是无尽的，这也是科学探究的魅力所在。

"绿叶中色素的提取与分离"是高中生物学必修1的实验内容。色素的提取过程比较麻烦，需要碳酸钙、二氧化硅和无水乙醇等试剂和多种实验材料。如果实验要求不高，用硬币滚压绿色色素线的方法代替无水乙醇提取，不仅简单易行，安全性较高，而且更适合初中学生完成。纸层析法中所用的有机溶剂如丙酮等，一般有挥发性，并有一定毒性，层析使用时要注意密封，避免吸入有害挥发物。

三、实操案例

（一）实验过程

2022年4月，马鞍山市外国语学校初二生物兴趣小组在王春阳老师指导下利用中午午休时间，在生物准备室种植黄豆种子进行实验。实验完成单侧光和自然光的对照，实验效果非常明显，单侧光照组叶片向光生长，如图3所示。

a.兴趣小组种植黄豆

b.对照实验的黄豆幼苗培育

c.对照实验设置

d.黄豆苗的向光性生长

图3　黄豆叶片光照实验

（二）活动反思

进行种子发芽实验必须注意实验条件，如室内的温度、光照等，此外还要注意水电要配置到位。有条件的学校应该建设生物园地，如阳光花房。

第二篇　模拟酸雨对植物叶片生长的影响

基本概况

植物的正常生长需要良好的环境条件，自然界发生的多种环境污染对植物生长有严重危害，如酸雨、土壤盐碱化、空气污染等。为了让学生认识环境条件影响生物的生长发育和繁殖，可以综合利用生物学和化学等知识，围绕酸雨对植物叶片生长的影响进行实践活动。

本篇跨学科实践活动有助于学生了解酸雨对植物叶片生长的影响，形成生物与环境的适应观，进一步提高实验设计和动手操作的能力。通过认识二氧化硫和氮氧化物形成酸雨的原因，认同化学污染对环境的破坏力，提升保护环境的社会责任感，增强环保意识。

在开展本篇的跨学科实践活动中，教师通过引导学生观看酸雨危害纪录片，认识二氧化硫和氮氧化物形成酸雨的原因，认同化学污染对环境的破坏力（生物学、化学）。教师通过设计"模拟酸雨对植物叶片生长的影响"的实验，培养学生科学设计生物学对照实验的能力，进一步形成生物与环境的适应观（生物学、化学）。教师通过指导学生制作叶片横切片、观察叶片结构的受害程度，从生理学角度进一步认识酸雨对植物叶片生长的影响（生物学、化学）。

依据新课标课程内容中的"生物与环境""植物的生活""生物学与社会·跨学科实践"学习主题，结合初中生物学教学进度和气候因素，本篇跨学科实践活动可以在七年级第二学期开展，建议安排2课时。

❖ 生本课程 ❖

酸雨是雨、雪等在形成和降落过程中，吸收并溶解了人为排放到空气中的二氧化硫、氮氧化合物等物质形成的。中国的酸雨主要是因为大量燃烧含硫量高的煤而形成的，多为硫酸雨。酸雨主要危害：使土壤酸化，肥力降低，造成农作物减产或者死亡；造成鱼塘湖泊水质变化，危害鱼、虾、藻类等水生生物；污染河流、湖泊和地下水，直接或间接危害人体健康；腐蚀钢铁桥梁和建筑物，严重威胁人类安全。

那么，酸雨对于植物叶片的生长有没有影响？有什么影响？我们一起设计实验，求证答案吧。

一、任务挑战

说出酸雨对自然界和人类的危害；设计实验并开展"模拟酸雨对植物叶片生长的影响"的实验。

二、活动准备

1.材料用具

植物幼苗、食用白醋、喷壶、烧杯、蒸馏水等。

2.分组分工

每小组种植一盆植物幼苗；需要对照时，可以小组之间比较。

三、活动过程

（一）活动1：观看酸雨形成以及危害的纪录片

观看酸雨有关记录片，说出酸雨的形成原因、危害和防治措施。

（二）活动2：设计实验并模拟酸雨对植物叶片生长的影响

1.原理

酸雨侵蚀会破坏植物叶片的角质层和表皮细胞，增大气孔，导致叶片萎缩和畸形；同时叶肉细胞叶绿素含量下降，出现叶片发黄，从而降低光合作用。

2.步骤

（1）栽培一种植物，一段时间后选择长势一致的盆栽幼苗，随机平分成甲、乙两组。

（2）甲、乙两组每天对叶片分别喷洒一次等量的蒸馏水、稀释1000倍的白醋。喷洒时，根部用薄膜覆盖，不使根部受害，并且正常浇水。

（3）在适宜条件下培养一段时间，每天观察并记录幼苗叶片的生长状况。

3.结果与结论

观察甲组叶片生长和颜色，乙组叶片生长和颜色。实验结果显示，醋酸对于植物叶片的生长有害。

（三）活动3：制作和观察酸雨下叶片横切临时装片

如果学生感兴趣，可以制作叶片横切临时装片，观察比较实验前后两组植物叶片结构有无不同，进一步了解酸雨对植物叶片的危害。

四、综合性作业与答案

1.综合性作业

（1）酸雨会使叶片生长_____，绿色_____，光合作用效率_____。

（2）植物的光合作用主要发生在叶片的_____细胞，细胞中含有吸收光能的色素的细胞器是_____。

（3）利用课后时间走进实验室,开展"模拟酸雨对不同植物生长的影响"实验。

2.参考答案

（1）萎缩　消退　下降　（2）叶肉　叶绿体　（3）略

五、评价与反思

本次活动的评价与反思，如表1所示。

表1　跨学科实践活动评价与反思表

评价指标	评价标准	评价等级 （填：优秀、一般、合格）
参与程度	小组成员有明确的职责，能发挥自己的作用	
合作交流	积极参加小组讨论，并提出自己的观点	
创新意识	活动有创新意识，并能在成果中实现	
反思：你认为此活动中最有意思或最感兴趣的步骤或细节是什么？ 　　　　　　　　　　　　　签名：　　　　年　　　月　　　日		

教 学 参 考

为了让学生认识环境条件能影响生物的生长发育和繁殖，我们可以围绕酸雨对植物叶片生长的影响开展实践活动。

一、教学方案

（一）提出问题

不同 pH 雨水对植物叶片生长有影响吗？有什么影响？（生物学、化学）

（二）教学目的

通过本次实践活动，帮助学生理解酸雨对植物叶片生长的影响，形成生物与环境的适应观，进一步提高实验设计和动手操作的能力，增强环保意识。

（三）教学计划

观看酸雨危害纪录片；模拟酸雨对植物叶片生长的影响；制作叶片横切片，观察叶片结构的受害程度。

（四）教学思路

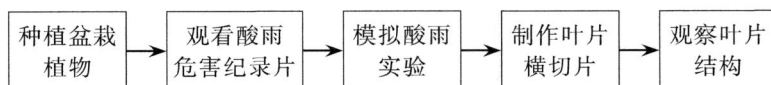

种植盆栽植物 → 观看酸雨危害纪录片 → 模拟酸雨实验 → 制作叶片横切片 → 观察叶片结构

二、教学设计

（一）跨学科实践教学目标

教学目标	涉及学科	核心素养
通过纪录片认识二氧化硫和氮氧化物形成酸雨的原因，认同化学污染对环境的破坏力，提升保护环境的社会责任感	生物学化学	生命观念、科学思维、态度责任
设计实验并模拟酸雨对植物叶片生长的影响，培养学生科学设计生物学对照实验的能力，进一步形成生物与环境的适应观	生物学	探究实践、科学思维、态度责任
通过合作交流与表达，提示学生从幼苗叶片生长的形态和颜色方面表述，培养学生的语言表达和总结归纳能力	语文	语言运用

（二）教学准备

1.教师准备

材料用具：植物幼苗、食用白醋、喷壶、烧杯、蒸馏水等。

2.学生准备

视频资料：《酸雨危害》。

（三）教学重难点

1.教学重点

通过模拟实验证明酸雨对植物叶片生长的影响，形成生物与环境的适应观，增强环保意识。

2.教学难点

学会利用跨学科知识设计对照实验，解决实际问题。此实验时间跨度较长，大约10天，需要学生每天喷施和随时观察幼苗生长状况。

（四）教学过程

教学环节	教师活动	学生活动	教学意图
引言	播放《酸雨危害》 问题：酸雨的形成原因、危害和防治措施有哪些	总结并回答	利用情景引发思考，产生认知冲突，激发求知欲，同时渗透生态观 通过思考、表达，帮助学生初步形成一定的社会责任感，同时培养学生信息收集、总结归纳和语言表达能力
白醋介绍	由于酸雨是指 pH 小于 5.6 的雨、雪或其他形式的降水，本实验采用稀释的白醋模拟酸雨。按照国标规定，白醋的 pH 在 2.4 左右，因此经过稀释 1000 倍才接近酸雨的 pH	观看与学习	了解模拟实验使用的材料，以及实验试剂配制的基本操作方法

教学环节	教师活动	学生活动	教学意图
设计实验	思考：如何设计对照实验证明酸雨对植物叶片生长的影响	讨论并提出建议	培养学生实验设计能力，学会交流并提出自己的合理建议
实验操作	讲述实验步骤，指导实验： 1.栽培一种植物，一段时间后选择长势一致的盆栽幼苗，随机平分成甲、乙两组 2.甲、乙两组每天叶片分别喷洒一次等量的蒸馏水、稀释1000倍的白醋。喷洒时，根部用薄膜覆盖，不使根部受害，并且正常浇水 3.在适宜条件下培养一段时间，每天观察并记录幼苗叶片的生长状况（实验初期时可以制作叶片横切临时装片，观察比较两组植物叶片结构有无不同）	栽培植物，动手实验，每天喷施，观察记录	开展探究实践活动，培养学生的探究实践能力。在动手操作中进一步培养学生形成生物与环境的适应观和生态观，增强环保意识 通过思考、表达、实践，帮助学生初步形成一定的社会责任感
评价与练习	出示评价量表，指导评价	完成评价	使学生及时回顾活动中的收获，肯定自己，激发兴趣
布置作业	练习，并利用课后时间走进实验室模拟酸雨对不同植物生长的影响	完成综合性作业	综合性作业体现实践性和跨学科性

（五）课后反思

本活动的主题简单，但是叶片生长状态不易表述，有必要提示学生从幼苗叶片生长的形态和颜色方面表述。

由于酸雨制备，化学上常用的硫粉燃烧法对于初中学生而言太难，也不安全，所以本实验采用稀释的白醋模拟酸雨。按照国标规定，白醋的pH在2.4左右，而酸雨是指pH小于5.6的雨、雪或其他形式的降水，因此白醋需经过稀释1000倍才接近酸雨的pH。

三、实操案例

（一）实验内容

2021年10月和2023年10月，马鞍山市外国语学校生物学兴趣小组模拟了酸雨危害实验，实践指导教师为王春阳。生物学兴趣小组选择长势一致的盆栽天竺葵幼苗，随机平分成甲、乙两组。甲组叶片每天喷洒稀释1000倍的白醋，乙组叶片每天喷洒一次等量蒸馏水，其他条件相同且适宜。培养一段时间，甲组幼苗叶片边缘枯黄失绿，最终叶片枯萎，植株死亡，而乙组叶片生长正常，如图1所示。

a.实验过程　　　　　　　　b.实验结果

图1　模拟酸雨对植物叶片的影响

（二）活动反思

本活动实验过程中，实验材料不足，幼苗数量太少，使实验数据存在偏差；喷洒应该用特制的喷头，控制喷出液滴细小呈雾状更好。由于实验每天喷洒试剂，还要处理大量实验材料，因此需要各小组成员合理分工，增强安全意识。

第三篇　探究光照是光合作用的必要条件

基本概况

　　光合作用是中学生物学教学的重点内容，光是影响光合作用强度的重要因素之一。根据1864年萨克斯的天竺葵遮光实验，如何用更简单的方法探究"光照是光合作用的必要条件"这一问题。本篇跨学科实践活动就是综合利用生物学、化学和物理等知识，自主设计实验证明光照是绿叶进行光合作用的必要条件。

　　本篇跨学科实践活动能够帮助学生真正认同光照是光合作用的必要条件，形成生物学的物质观和能量观，提高学生实验设计和动手操作的能力。本篇跨学科实践活动融合了生物学、物理和化学等多学科知识，渗透了一定的物理观念和化学观念，可提高学生学科间综合应用的能力，提升学生的核心素养。

　　本篇围绕"光照是光合作用的必要条件"这一问题，主要开展三项活动："回忆光合作用""设计对照实验""完成对照实验"。通过动手探究，了解植物光合作用离不开光照，培养学生科学设计生物学对照实验的能力（生物学）。根据气体量与压强变化关系，学会利用密闭塑料瓶容积的变化判断气体量的变化（物理）。根据不同气体在水中溶解度不同，学会利用排气法收集氧气，比较光合作用的强弱（化学）。一系列探究活动，使学生形成生物学的物质观和能量观，培养学生跨学科思维能力，体会自然科学知识在生产生活中的应用。

依据新课标课程内容中"植物的生活""生物学与社会·跨学科实践"学习主题，结合初中生物学教学进度，本篇可在七年级第二学期完成光合作用和呼吸作用的学习后开展，建议安排2课时。本活动通过负压密封的透明塑料瓶产生膨胀判断叶片光合作用的发生，效果明显而且简单易行，但是需要结合物理、化学知识解决光合作用二氧化碳供应和释放氧气的因变量检测问题，需要教师做好相关知识的铺垫。

生本课程

植物通过光合作用把光能储存在制造的有机物中。光是影响光合作用强度的重要因素之一，当然光合作用还需要二氧化碳和水作为原料。

植物的叶片进行光合作用是否真的离不开光照？科学结论是需要证据的，让我们一起设计实验，求证答案吧。

一、任务挑战

设计对照实验，验证叶片光合作用真的离不开光照。

二、活动准备

1.材料用具

生长旺盛的黑藻、透明密封塑料瓶、碳酸饮料（富含二氧化碳，可以为光合作用提供原料和水，如雪碧等）、卫生香、火柴和暗箱等。

2.分组分工

1~4人为一小组，并确定成员分工。

三、活动过程

1.原理

叶片进行光合作用可以产生氧气，能够使带火星的卫生香复燃。

2.步骤

（1）配制碳酸溶液。按碳酸饮料：清水=1：5配制碳酸溶液，装入500mL密封透明塑料瓶中备用，注意不要装满，大约七成即可。

（2）制备黑藻茎段。取生长旺盛的黑藻，用剪刀剪成3～5cm的带叶小段，适量装入内含碳酸溶液的塑料瓶。

（3）排气处理。用手小心挤压塑料瓶，待碳酸溶液液面到达瓶口时，把瓶盖拧紧（注意瓶盖密封不能漏气）。

（4）黑暗处理。将装置放在暗箱中1小时，观察并记录塑料瓶有无膨胀，液面上方有无气体储存。

（5）光照处理。将装置从暗箱中取出，置于光照处一段时间，观察并记录塑料瓶有无膨胀，液面上方有无气体储存。

（6）检测与鉴定。打开瓶盖，把带火星的卫生香探入瓶内，观察卫生香能否复燃。

3.结果与结论

暗箱中塑料瓶没有膨胀，光照后塑料瓶膨胀；瓶内的气体可以使带火星的卫生香复燃。实验结果说明，光合作用一定需要光照。

四、综合性作业与答案

1.综合性作业

（1）植物光合作用吸收_____，释放_____。

（2）暗箱中黑藻叶肉细胞进行_____作用，置于光照处黑藻叶肉细胞同时进行_____作用和_____作用。

（3）实验中适宜光照一段时间后瓶内积累气体，是因为叶肉细胞光合作用_____（填"大于"或"小于"）呼吸作用，氧气_____（填"增加""不变"或"减少"）。

（4）课下尝试设计实验装置并开展此实验。

2.参考答案

（1）二氧化碳　氧气　（2）呼吸　呼吸　光合　（3）大于　增加（4）略

五、评价与反思

参照下表1，对本次活动进行评价与反思。

表1 跨学科实践活动评价与反思表

评价指标	评价标准	评价等级 （填：优秀、一般、合格）
参与程度	小组成员有明确的职责，能发挥自己的作用	
合作交流	积极参加小组讨论，并提出自己的观点	
创新意识	实验装置的设计有创新、美观、科学	
反思：你认为此活动中最有意思或最感兴趣的步骤或细节是什么？ 　　　　　　　　　　　　　　签名：　　　　年　月　日		

教学参考

　　光合作用是中学生物学教学的重点内容，光是影响光合作用强度的重要因素之一。如何用简单的方法探究这一问题？1864年，科学家萨克斯曾经做过天竺葵遮光实验，证明光照是绿叶进行光合作用的必要条件。

　　本次实践活动，可以使学生真正认同光照是绿叶进行光合作用的必要条件，形成生物学的物质观和能量观，进一步提高学生实验设计和动手操作的能力。

一、教学方案

（一）提出问题

光照是绿叶进行光合作用的必要条件吗？（生物学、化学、物理）

（二）教学计划

回忆光合作用的概念，提出问题；设计对照实验，制订实验计划；完成实验，记录结果，分析结论。

（三）教学思路

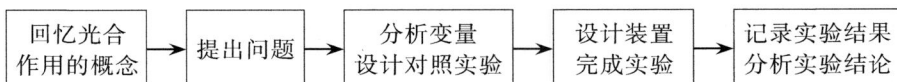

二、教学设计

（一）跨学科实践教学目标

教学目标	涉及学科	核心素养
通过动手探究，了解植物光合作用离不开光照，培养学生科学设计生物学对照实验的能力	生物学	探究实践、科学思维
根据气体量与压强变化关系，学会利用密闭塑料瓶容积的变化判断气体量的变化。不同气体在水中溶解度不同，学会利用排气法收集氧气，比较光合作用的强弱。进一步培养科学思维和知识综合运用能力	物理 化学	物理观念、科学思维 化学观念、科学探究与实践
通过实验探究，从生物的物质观和能量观角度，使学生认同光合作用只有利用光能才能完成	生物学	生命观念、探究实践
通过小组合作与展示交流，培养学生的语言表达和总结归纳能力	语文	语言运用、思维能力

（二）教学准备

1.教师准备

材料用具：生长旺盛的黑藻、透明密封塑料瓶、碳酸饮料、卫生香、火柴和暗箱等。

2.学生准备

回顾光合作用的原料和产物以及条件等知识。

（三）教学重难点

1.教学重点

探究植物光合作用离不开光照，培养科学思维和科学探究能力，帮助学生真正形成植物光合作用需要光的能量观。

3.教学难点

学会利用跨学科知识设计生物学对照实验；七年级学生缺乏物理、化学知识，对于浮力和溶解度理解有点困难，需要教师解释说明。

（四）教学过程

教学环节	教师活动	学生活动	教学意图
引言	植物通过光合作用把光能储存在制造的有机物中，光是影响光合作用强度的重要因素之一，当然还需要二氧化碳和水作为原料 问题：如何验证叶片光合作用离不开光照	回忆光合作用概念，了解光合作用实质	复习旧知，引入新知
萨克斯实验	展示实验等资料，提出问题： 1.萨克斯是通过检测什么物质，从而证明光合作用的发生 2.你认为检测什么物质，也可以证明光合作用的发生 3.你如何设计实验证明叶片光合作用离不开光照	观看资料，思考问题	学会结合资料，并借鉴前人的经验，自己创新设计实验解决问题
设计实验	引导学生设计实验，如合理选材、设计实验装置等	设计实验	引导学生利用跨学科知识设计实验；培养科学思维和科学探究能力，真正形成植物光合作用需要光的概念，渗透物质与能量观

教学环节	教师活动	学生活动	教学意图
完成实验	指导学生按步骤实验： 1.配制碳酸溶液。按碳酸饮料：清水=1：5配制碳酸溶液，装入500mL密封透明塑料瓶中备用，注意不要装满，大约七成即可 2.制备黑藻茎段。取生长旺盛的黑藻，用剪刀剪成3~5cm的带叶小段，适量装入塑料瓶 3.排气处理。用手小心挤压塑料瓶，待液面到达瓶口时，把瓶盖拧紧 4.黑暗处理。将装置放在暗箱中1小时，观察并记录塑料瓶有无膨胀，液面上方有无气体储存 5.光照处理。将装置从暗箱中取出，置于光照处一段时间，观察并记录塑料瓶有无膨胀，液面上方有无气体储存 6.检测与鉴定。打开瓶盖，把带火星的卫生香探入瓶内，观察卫生香能否复燃	按步骤完成，观察结果，并分析结论	开展跨学科探究实践活动，培养学生的探究实践能力，同时培养学生的动手操作能力，让学生进行观察、比较、分析，发展学生的科学思维
评价与练习	出示评价量表，指导评价	完成评价	使学生及时回顾活动中的收获，肯定自己，激发兴趣
布置作业	布置综合性作业	完成综合性作业，尝试做一做实验	体现实践性和跨学科性

（五）课后反思

集气法的思路来自高中的排水法收集氧气实验，利用水生植物光合作用释放氧气，而氧在水中的溶解度很小，使负压密封的透明塑料瓶产生储气空间。集气法大大缩短了实验所需时间，突破了遮光法需要几个小时的局限，而且克服了使用酒精脱色不安全等问题。中学实验室配制二氧化碳缓冲液（碳酸氢钠溶液）很难做到，通过查阅资料发现，在探究二氧化碳浓度对光合作用的影响时，使用碳酸饮料代替二氧化碳缓冲液（碳酸氢钠溶液），使实验得以顺利完成，此简便易行的方法值得借鉴。此外，阳光是复色光，活动后期可以开展光合作用主要是利用什么颜色的光，以及光照强度对植物光合作用的影响。同样如果改变测定体系的二氧化碳浓度、温度和光强等，就能观察这些因素对光合作用的影响。

三、实操案例

（一）实验内容

2021 年 10 月和 2023 年 5 月，马鞍山市外国语学校王春阳老师模拟进行萨克斯实验，如图 1 所示。实验证明光照是绿叶进行光合作用的必要条件，光合作用的产物是淀粉。叶片见光和遮光部分有区别，但效果不太明显。

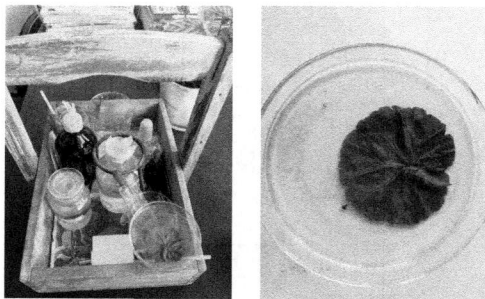

图 1　萨克斯实验

2024 年 5 月，兴趣小组用集气法尝试改进此实验，利用黑藻叶片进行光合作用可以产生氧气，而氧气难溶于水，积累在挤压后形成负压塑料瓶内，如图 2 所示。塑料瓶随光照逐渐膨胀，瓶内积累的氧气可以使带火星的卫生香复燃。由于马鞍山市区水域找不到黑藻，用狐尾藻代替进行实验，如图 3 所示。

图2　对照实验

a.黑藻　　　　　　　　　　b.狐尾藻

图3　黑藻和狐尾藻

（二）实验反思

在保证实验效果的前提下，实验过程以及装置越简单越好。本次实验只需要两个透明塑料瓶和几根卫生香即可开展，从而有利于条件不足的学校开展活动，也有利于教师组织课堂教学。

第四篇　DNA模型建构

基本概况

　　DNA是大多数生物的遗传物质，储存着它们的遗传信息。为了让学生深切体会DNA储存遗传信息，理解遗传信息的多样性和特异性，教师可以综合利用生物学、工程学、劳动和美术等知识，建构DNA模型。

　　通过本篇跨学科实践活动，学生可以知道DNA分子的结构特点，理解DNA中遗传信息的内涵，进一步提高对生命多样性和特异性的认识。本篇跨学科实践活动融合了生物学、工程学、劳动和美术等多学科知识，能进一步提高学生学科间综合应用的能力，提升学生的核心素养。

　　本篇围绕"DNA模型"问题，主要开展四项活动："观察现有DNA模型""建构DNA的平面结构""制作DNA手链"和"上传作品照片"。通过观察现有DNA模型，提高学生对DNA分子结构认识，培养学生的观察能力（生物学）。通过建构模型活动，进一步理解遗传信息的含义，从而培养学生的动手能力和科学思维能力，促进理解生物遗传信息具有多样性和特异性（生物学、工程学和劳动）。通过制作DNA手链的创意实践，培养学生的审美判断能力，体会遗传学的独特魅力（生物学、劳动和美术）。通过一系列的探究活动，使学生形成生物学的物质观和信息观；更重要的是在制作模型过程中，要关注形状、尺度、比例和数量等，帮助学生形成"结构与功能""尺度、比例和数量"等跨学科概念；通过常规信息和遗传信息的比较，学会将遗传信息进行具体化和可视化；进一步培养学生跨学科思维能力，体会自然科学知识在生产生活中应用的无穷乐趣。

依据新课标课程内容中的"遗传与进化""生物学与社会·跨学科实践"学习主题，结合初中生物学教学进度，本篇的跨学科实践活动可以在八年级第二学期开展，建议安排1课时完成。初中学生构建DNA模型，对于脱氧核糖和磷酸主链结构不要求掌握，碱基的大小也可以忽略。

生本课程

地球上绝大多数生物的遗传物质是脱氧核糖核酸，简称DNA。1953年，科学家沃森和克里克发现了DNA分子是双螺旋结构，开启了分子遗传学时代，"生命之谜"终于被人类打开。神秘的DNA分子到底是什么结构？让我们一起来建构DNA模型吧。

一、任务挑战

观察现有DNA模型，学习DNA分子结构；利用合适的材料建构DNA的平面结构模型；用制作的DNA模型做成DNA手链。

二、活动准备

1.材料用具

DNA塑料结构模型、30cm长的尼龙线、4种颜色的门帘珠子若干。

2.分组分工

每人一组，同学间相互交流。

三、活动过程

（一）活动1：观察现有DNA模型，学习DNA分子结构

DNA分子有两条主链，由脱氧核糖和磷酸交替连接而成。它们似

"麻花状"绕着一个共同轴心以右手方向盘旋，并且反向平行，形成双螺旋构型。碱基位于螺旋的内侧，碱基配对总是A与T和G与C。

（二）活动2：建构DNA的平面结构模型

选择红、绿、黄、蓝4种颜色门帘珠子若干，红色珠子代表碱基A，绿色珠子代表碱基T，黄色珠子代表碱基G，蓝色珠子代表碱基C。

取2根30cm长的尼龙线当作DNA的2条主链，穿串门帘珠子，如图1所示。注意：每对珠子必须红绿或绿红配对、黄蓝或蓝黄配对。

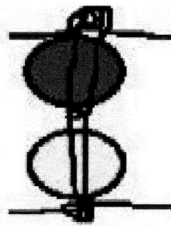

图1　碱基对模型

连续穿串10对门帘珠子，每对珠子按上述四种随机组合，完成一个具有10个碱基对的DNA模型，如图2所示。

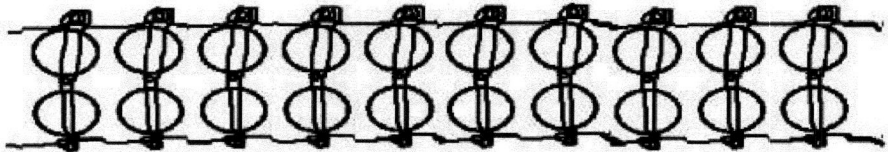

图2　10个碱基对的DNA模型

（三）活动3：制作DNA手链

结合自己手腕的粗细，把DNA模型的两端线绳打结，即可获得一条漂亮的DNA手链，如图3所示。

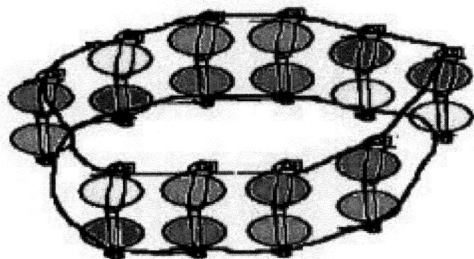

图3　DNA手链模型

（四）活动4：分享制作的"DNA手链模型"作品

分享你的"DNA手链模型"作品照片至班级群，供大家学习与评价。

四、综合性作业与答案

1.综合性作业

（1）DNA分子是由_____条链组成，含有_____种碱基。碱基A与碱基_____配对，碱基C和碱基_____配对。

（2）通过模型建构，你认为DNA分子储存的遗传信息实际就是指_____。

（3）比较你和其他同学制作的DNA模型，珠子颜色配对的顺序相同吗？

（4）调查全班其他同学的DNA模型，寻找与你珠子颜色配对的顺序完全相同的模型。你认为可能性是很小，还是很大？

2.参考答案

（1）2　4　T　G　（2）碱基对的排列顺序　（3）略

（4）相同的可能性很小

五、评价与反思

参照表1及表2，分别对你的物化作品和本次活动进行评价。

表1　跨学科实践活动物化作品——"DNA手链模型"的评价量规

维度	示范级	合格级	需改进级
科学性	能较好地体现双螺旋结构，能较好地体现碱基互补配对	能体现双螺旋结构和碱基互补配对	不能体现双螺旋结构和碱基互补配对
美观性	美观、漂亮	不够美观、漂亮	不美观、不漂亮
实用性	实用，适宜佩戴	不太实用，不太适宜佩戴	不实用，不适宜佩戴
自评			
他评			
终评			

注：在对应等级打√。

表2　跨学科实践活动评价与反思表

评价指标	评价标准	评价等级（填：优秀、一般、合格）
参与程度	小组成员有明确的职责，能发挥自己的作用	
合作交流	积极参加小组讨论，并提出自己的观点	
创新意识	活动有创新意识，并能在成果中实现	
反思：你认为此活动中最有意思或最感兴趣的步骤或细节是什么？		

签名：　　　　年　　月　　日

教学参考

　　为了让学生深刻体会DNA中的遗传信息，我们可以建构DNA模型来理解遗传信息的多样性和特异性。

　　情景1：DNA分子具有多样性和特异性。

情景2：遗传信息就是碱基对的排列顺序。

通过本次实践活动，我们知道DNA分子结构特点，理解DNA中遗传信息的内涵，并进一步提高对生命多样性和特异性的认识。

一、教学方案

（一）提出问题

DNA分子是什么结构？

（二）教学计划

观察现有模型，并学习DNA分子结构。（生物学）

利用合适的材料建构DNA的平面结构。（生物学、工程学、劳动、美术）

（三）教学思路

观察模型 → 学习结构 → 选择材料 → 建构并评价模型

二、教学设计

（一）跨学科实践教学目标

教学目标	涉及学科	核心素养
观察现有DNA模型，提高对DNA分子结构的认识，培养学生的观察能力	生物学	生命观念
通过构建模型活动，进一步理解遗传信息的含义，从而培养学生的动手能力和科学思维能力；促进理解生物遗传信息具有多样性和特异性的概念 搜集并学习关于DNA结构的知识，通过常规信息和遗传信息的比较，学会将遗传信息进行具体化和可视化	生物学 信息科技 工程学	生命观念、探究实践、科学思维 信息意识、数字化学习与创新

教学目标	涉及学科	核心素养
通过DNA手链的创意实践制作，培养学生的审美判断能力，体会遗传学的独特魅力	美术	美术表现、创意实践
通过小组合作与展示交流，培养学生的语言表达和总结归纳能力	语文	语言运用、思维能力
在制作模型过程中，关注形状、尺度、比例和数量等，帮助学生形成"结构与功能""尺度、比例和数量"等跨学科概念	生物学劳动	生命观念劳动能力

（二）教学准备

1.教师准备

材料用具：DNA塑料结构模型、长度30cm的尼龙线、4种颜色门帘珠子若干。

2.学生准备

回顾DNA的平面结构和碱基配对规律的知识。

（三）教学重难点

1.教学重点

建构DNA的平面结构，理解遗传信息的含义。

2.教学难点

手工穿线的方法，需要教师及时指点。

（四）教学过程

教学环节	教师活动	学生活动	教学意图
引言	地球上绝大多数生物的遗传物质是脱氧核糖核酸，简称DNA。1953年，科学家沃森和克里克发现了DNA分子是双螺旋结构，开启了分子遗传学时代，"生命之谜"终于被人类打开。神秘的DNA分子到底是什么结构？让我们一起来建构DNA模型吧	边听边思，进入主题	利用情景引发学生兴趣，激发求知欲，引出本次活动的主题

教学环节	教师活动	学生活动	教学意图
DNA双螺旋结构模型	播放图片，展示模型。DNA分子有两条主链，由脱氧核糖和磷酸交替连接而成。它们似"麻花状"绕着一个共同轴心以右手方向盘旋，并且反向平行，形成双螺旋构型。碱基位于螺旋的内侧，碱基配对总是A与T和G与C	观察DNA结构	使学生了解DNA结构，理解碱基对的配对方式，为后面制作模型打下基础，渗透结构与功能观
制作DNA模型	1.选择红、绿、黄、蓝4种颜色门帘珠子若干，红色珠子代表碱基A，绿色珠子代表碱基T，黄色珠子代表碱基G，蓝色珠子代表碱基C 2.取2根长度30cm比较结实的尼龙线当作DNA的2条主链，并穿串门帘珠子。注意：每对珠子必须红绿或绿红配对、黄蓝或蓝黄配对。及时指点手工穿线的方法 3.连续穿串10对门帘珠子，每对珠子按上述四种随机组合，完成一个具有10个碱基对的DNA模型 问题：不同颜色珠子配对的排列顺序代表什么？	按照说明，手工制作	培养学生对遗传信息的认识，培养学生的信息转化和表达的能力。让学生进行建模，发展学生的科学思维。开展跨学科实践活动，培养学生的探究实践和动手操作能力
制作DNA手链	结合自己手腕的粗细，把DNA模型的两端线绳打结，即可获得一条漂亮的DNA手链	按照说明，手工制作	把学到的知识用于生活，感知和表现生物学的美
评价与练习	出示评价量表，指导评价	完成评价	使学生及时回顾活动中的收获，肯定自己，激发兴趣
布置作业	布置综合性作业	完成综合性作业	体现实践性、跨学科性

（六）课后反思

本活动选择材料便宜，制作简单，成果实用，把DNA的神秘和生物学的优美体现得淋漓尽致，值得推广和学习。

初中学生构建DNA模型，对于脱氧核糖和磷酸主链结构不要求掌握，碱基的大小也可以忽略。DNA模型的制作过程不宜太难，材料选择要容易获取，尽量不要用到剪刀等锋利的工具。

三、实操案例

（一）实验内容

2022年12月和2024年4月，马鞍山市外国语学校王春阳老师课后开展DNA模型建构活动。王春阳老师给感兴趣的学生每人发放红、绿、黄、蓝4种颜色门帘珠子若干，要求红色珠子和绿色珠子配对，黄色珠子和蓝色珠子配对。线绳由学生自己准备，学生上交作品，如图4所示。

图4　学生作品

（二）活动反思

如何使学生通过自己的活动作品感知DNA的多样性和特异性？这是该活动的精彩之处，必要的讲述引导是不可少的，否则就失去了活动中的生物学教学意义。

第五篇　剪纸画中的单细胞生物

单细胞生物是中学生物学教学的重点内容。为了帮助学生深入掌握单细胞生物的结构，教师可以将单细胞生物的结构作为素材来创作剪纸作品。本篇围绕单细胞生物的结构特点，聚焦"如何将单细胞生物的结构转化为剪纸素材"这一问题，综合利用生物学、数学、劳动、美术、语文等学科知识，探讨将生物学教材中的素材转化为剪纸作品的处理技巧，分组合作创作剪纸作品。

本篇的跨学科实践活动能够帮助学生深入理解单细胞生物的结构特点，建立结构与功能观，进一步提高观察能力和动手操作能力。本篇的跨学科实践活动融合了生物学、数学、劳动、美术、语文等多学科知识，渗透了一定的生命观念、美术表现、直观想象、数学建模、审美创造、文化自信，培养了学生的科学思维、探究实践及劳动能力，可有效提升学生的核心素养。

本篇将聚焦的问题分解成多个探究或实践活动任务。教师在实践活动中需要指导学生完成一系列实践活动任务。任务一，学习剪纸的基础知识（美术、劳动）；任务二，回顾单细胞生物的结构，找出其结构特点（生物学）；任务三，创作单细胞生物的剪纸作品（生物学、数学、劳动、美术、语文等）。在这些探究或实践活动过程中，教师需要帮助学生了解剪纸的基本表现技法、造型语言和文化内涵，需要引导学生学会利用对称的方法处理剪纸中遇到的问题（数学、生物学），学会评鉴剪纸作品（语文、生物学），学会把握剪纸过程中形状、尺度、比例和数量等关系。

依据新课标课程内容中的"生物体的结构层次""生物的多样性""生物学与社会·跨学科实践"三个学习主题的要求，结合初中生物学教学进度，本篇跨学科实践活动可以在七年级第一学期开展，建议安排1课时。

生本课程

通过剪纸的方式来构建单细胞生物模型，帮助学生厘清知识脉络，辨析单细胞生物的主要特征。同时，在剪纸中不断强化学生的生物学知识，体会中华传统文化之美。下面我们就来动手实践一下吧！

一、任务挑战

学习剪纸基础知识；回顾单细胞生物的结构，找出其结构特点；创作单细胞生物的剪纸作品。

二、活动准备

红纸、剪刀。

三、活动过程

（一）学习剪纸基础知识

中国剪纸是一种用剪刀或刻刀在纸上剪刻花纹，用于装点生活或配合其他民俗活动的民间艺术。中国剪纸起源于古人祭祖祈神的活动之中，此后便根植于博大精深的中国传统文化之中。剪纸艺术是中国传统文化的重要部分，其传承的视觉形象和造型格式，蕴涵了丰富的文化历史信息，表达了广大民众的社会认知、道德观念、实践经验、生活理想和审美情趣，具有认知、教化、表意、抒情、娱乐、交往等多重社会价值。

中国剪纸善于把多种物像组合在一起，并产生出理想中的美好结果。无论用一个或多个形象组合，皆是"以象寓意""以意构象"，而不是根据客观的自然形态来造型，同时又善于用比兴的手法创造出多种吉祥物，把约定俗成的形象组合起来表达自己的心理。追求吉祥的寓意成为意象组合的最终目的之一。通过剪纸，人们虚构了美好的形象，以慰藉自己的心灵，来张扬人征服自然的伟大创造力，以期建立自己的理想世界。

剪纸常用的技法是折叠剪纸。折叠剪纸就是把一张纸对折或多折叠起，再剪出图案。一般折叠的方法是：取一张正方形色纸，把带颜色的一面向里对折，每折一次就把折线压平，用订书机订好。然后，在折叠好的纸面上画好图稿，再按画好的线条减去要剪的部分即可，其余折叠法以此类推。一般创作，纸的层数不宜太多，以四层为佳。

（二）回顾单细胞生物的结构，找出其结构特点

1.草履虫结构

观察草履虫的结构图，如图1所示，找出其结构特点。

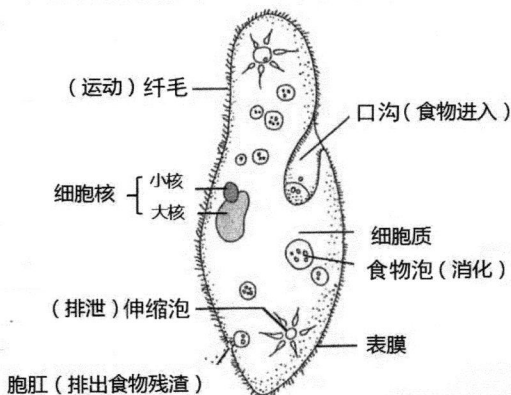

图1　草履虫结构图

2. 变形虫结构

观察变形虫的结构图，如图2所示，找出其结构特点。

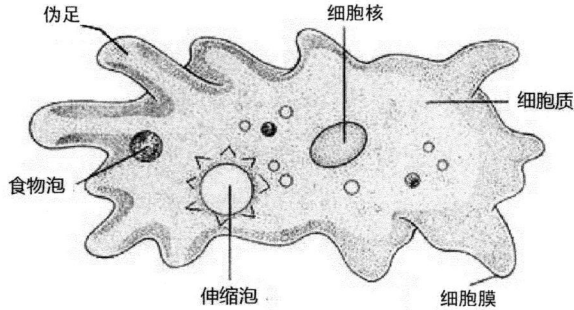

图2　变形虫结构图

（三）创作单细胞生物的剪纸作品

1. 观察剪纸画操作示范

讨论：如何将生物教材中的素材转化为剪纸作品。

2. 创作

选择一种单细胞生物，进行剪纸创作，要求能体现单细胞生物的结构特点。

（四）分享制作的"单细胞生物剪纸画"作品

分享你的"单细胞生物剪纸画"作品照片至班级群，供大家学习与评价。

四、综合性作业与答案

1. 综合性作业

（1）说一说单细胞生物的结构特点，完善你的作品。

（2）拓展练习：试着选择其他单细胞生物，设计并完成剪纸作品。

2. 参考答案

（1）略　（2）略

五、评价与反思

参照表1及表2，对你的物化作品和本次活动进行评价与反思。

表1 跨学科实践活动物化作品——"单细胞生物剪纸画"的评价量规

维度	示范级	合格级	需改进级
科学性	作品能较好地体现生物体的形态结构特征，符合客观事实 能够运用点、线、面进行造型，能够灵活运用基本纹样装饰作品	作品能体现生物体的形态结构特征，基本符合客观事实 能够运用点、线、面进行造型，能够运用基本纹样装饰作品	作品不能体现生物体的形态结构特征，不符合客观事实 不能够运用点、线、面进行造型，不能运用基本纹样装饰作品
美观性	线条流畅，自然平整，作品完整，布局合理	线条流畅，自然平整，毛刺少 作品完整，布局基本合理	线条不流畅平整，毛刺多 作品不完整，布局不合理
实用性	可用于生物学教学和剪纸作品展示	可用于生物学教学和剪纸作品展示	不可用于生物学教学和剪纸作品展示
自评			
他评			
终评			

注：在对应等级打√。

表2 跨学科实践活动评价与反思表

评价指标	评价标准	评价等级 （填：优秀、一般、合格）
参与程度	小组成员有明确的职责，能发挥自己的作用	
合作交流	积极参加小组讨论，并提出自己的观点	
创新意识	活动有创新意识，并能在成果中实现	
反思：你认为此活动中最有意思或最感兴趣的步骤或细节是什么？		

签名： 年 月 日

◈·⬧ 教学参考 ⬧·◈

所谓剪纸，就是用剪刀或刻刀将纸剪刻成各种各样的图案，如窗花、门笺、墙花等。剪纸是中国最古老的优秀传统艺术之一，迄今已有两千多年历史。

生物课本中有各种各样的生物图片，可以作为素材与剪纸艺术有机结合起来。通过开展丰富多彩的剪纸活动，不仅能使学生在巩固生物知识的过程中，积极去发现美、感受美、表达美，更让学生深刻感受生命的美好，进而热爱生命、敬畏生命，落实核心素养的要求。

一、教学方案

（一）提出问题

你能结合单细胞生物的结构特点，创作出以生物教材中的单细胞生物为素材的剪纸作品吗？

（二）教学目的

通过"走进生物世界，感受生命之美"主题活动的开展，让学生感受生命之美，热爱生命。（美术、生物学）

回顾常见单细胞生物的相关知识。（生物学）

初步了解剪纸的基本知识，欣赏和评价剪纸示范作品。（生物学、数学、美术）

引导学生发散思维，探讨如何将生物教材中的单细胞生物转化为剪纸作品，分组合作创作剪纸作品。（生物学、数学、劳动、美术、语文）

（三）教学计划

回顾常见单细胞生物的相关知识，探索如何用剪刀完成单细胞生物的剪纸作品。

（四）教学思路

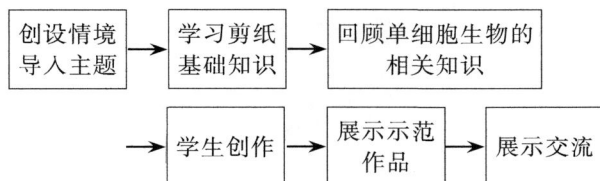

二、教学设计

（一）跨学科实践教学目标

教学目标	涉及学科	核心素养
回顾常见单细胞生物的结构特点，建立结构与功能观，使学生掌握生物学基础知识，形成基本的生命观念	生物学	生命观念
了解剪纸文化，通过对单细胞结构的认识和探究，依据其特点创作剪纸作品，培养学生创意实践的能力	生物学 美术 语文	生命观念、探究实践 美术表现、创意实践 文化自信、审美创造
利用对称的方法处理剪纸中的问题，提升学生的空间思维能力	生物学 数学	社会责任、科学思维、探究实践 数学建模、直观想象
通过剪纸作品的互评，使学生学会表达自己的想法，提升审美情趣，增进学生之间的交流	生物学 语文	责任态度 语言运用
在剪纸过程中，要关注形状、尺度、比例和数量等，帮助学生形成"结构与功能""尺度、比例和数量"等跨学科概念	生物学 数学 劳动	生命观念 数学建模 劳动能力

（二）教学准备

1.教师准备

A4红纸、剪刀、单细胞生物剪纸示范作品（由剪纸非遗传承人和县一中江芸老师提供，如图3所示）。

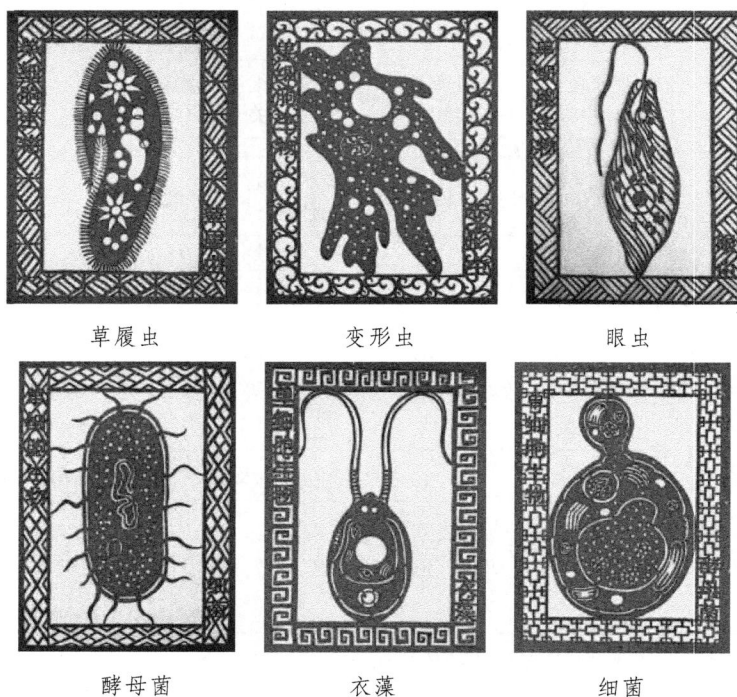

| 草履虫 | 变形虫 | 眼虫 |

| 酵母菌 | 衣藻 | 细菌 |

图3　单细胞生物剪纸示范作品

2.学生准备

查阅剪纸相关资料。

（三）教学重难点

1.教学重点

单细胞生物的结构。

2.教学难点

将单细胞生物的结构转化为剪纸作品。

（四）教学过程

教学环节	教师活动	学生活动	教学意图
创设情境导入主题	在新年到来的时候，我们一般会如何装饰家呢？ 每逢新年到，我们经常用窗花来装饰我们的家。不仅是过新年，在结婚、寿宴、元宵等喜庆的日子，我们也用窗花来表达我们的喜悦。我们所说的这种通过剪刀和纸创作出的镂空艺术作品的窗花就是剪纸 今天就让我们一起了解剪纸文化，学习剪纸技艺，再结合生物学知识来一起创作，大家期待吗？观看春节剪纸视频	观看视频	以新年贴窗花为切入点导入剪纸艺术
学习剪纸基础知识	首先，我们一起了解一下剪纸文化。剪纸艺术是第一批被列入国家级非物质文化遗产名录的项目，是中华优秀传统文化形式之一。广义上的剪纸，包括用刀刻来创作的纸类作品。在中国，剪纸艺术具有广泛的群众基础，是一种充满民族意识和人情味的文化现象。非遗剪纸艺术简单易得的材料、独特的艺术魅力，使得它的适用面非常广泛，在民间艺术中占有非常重要的地位。传承至今，其延续的丰富的剪纸花样，蕴藏着巨大的文化传统和民俗历史，充分展示了人民群众对当下社会的认知、生活实践经验、思想道德观念、大众审美标准、传统风俗习惯、理想生活状态，具有多重社会价值，如认知、表意、抒怀、娱乐消遣。 传统的剪纸技法主要是折叠、阴阳刻 1.折叠：通过对纸张进行多次不同角度的折叠，让其产生对称的重复性图案。折叠剪纸会因折叠的次数和角度的不同而呈现不同的效果，所得的图形有较强的韵律感，多用于团花剪纸	学习剪纸的基本表现技法、造型语言和文化内涵，熟悉剪纸技术，指出剪纸作品中的阴刻处和阳刻处	初步了解剪纸文化，熟悉剪纸的基本技法、造型语言和文化内涵

教学环节	教师活动	学生活动	教学意图
学习剪纸基础知识	2.阴阳刻：阴刻就是通过剪去装饰纹样，用镂空效果来展示需要表达的对象，一般要求线线相断；而阳刻则相反，是沿装饰纹样的边缘，剪去以外的部分，需要线线相连。在剪纸技法中一般会混合使用两种技法，使画面构图变化多样，对比鲜明 民间剪纸的题材多种多样，有些题材是根据生活中事物的自然形态来造型，有些是把各种事物组合在一起来，从而设计出相对复杂的图案。无论是哪种，人们都想通过以象来寓意，借托剪纸创作来传达祈求风调雨顺、平安长寿、多子多福、吉祥如意、幸福美满的朴素愿望和对美好生活的向往。大家欣赏一下这些剪纸作品，它们是以哪些作为题材？你能读出其中隐藏的深厚含义吗？ 大家会发现我们的剪纸作品素材来源是非常广泛的，生活中常见的花草鱼鸟兽都可以作为传统剪纸的题材	牡丹花、喜鹊、鸳鸯等 鱼——年年有余，花——花开富贵，莲——一品清廉等	通过自己的亲身体验，零距离感受非遗剪纸艺术的魅力，初步了解剪纸文化，建立民族自豪感和文化自信心
回顾单细胞生物的结构，找出其结构特点	我们知道身边的生物除了肉眼可见的，还有一些微观的生物，我们如何观察它们？随着技术发展，我们利用显微镜观察到了很多肉眼不可见的生物，大家觉得这些生物可以作为剪纸的素材吗	利用显微镜观察并讨论	回顾单细胞生物，让学生对单细胞生物有更充分、更深入的认识和感受，为创作积累素材，激发创意灵感，渗透结构与功能观

教学环节	教师活动	学生活动	教学意图
回顾单细胞生物的结构，找出其结构特点	我们学习的生物学内容可以作为剪纸的素材吗？现在我们就以相对简单的单细胞生物作为剪纸的素材来体验一下剪纸，感受生命的美好。我们先一起回顾生物课堂上所介绍的单细胞生物。大家能列举一些单细胞生物吗？它们分别属于什么生物 同学们掌握得非常好！现在，我们一起看几种典型的单细胞生物。 草履虫是一种很常见的单细胞原生动物，它的身体很小，借助显微镜，我们可以观察到它外形似鞋底，有纤毛、表膜、大核、胞口、小核、伸缩泡及收集管、胞肛、食物泡等结构。 了解到了草履虫的结构、外观，我们如何以此为素材来剪纸呢？这是老师的作品，请大家认真比对剪纸作品与实物在结构上的异同。 艺术来源于生活，但也要高于生活。在剪纸创作中，我们需要引用原型，不断修正，才能达到预期的效果。请大家继续欣赏这几组单细胞剪纸示范作品，认真比对其结构原型与艺术处理的方法和技巧 大家观察得很仔细。有些单细胞生物，如衣藻的外观，我们可以利用数学上的轴对称的知识，通过折叠后再完成 看了这么多单细胞生物的剪纸作品，想不想自己尝试一下 现在，我们就一起创作蓝细菌的剪纸作品。有没有哪位同学愿意为我们介绍一下蓝细菌的结构	草履虫、变形虫、眼虫属于动物，衣藻、伞藻、小球藻属于植物，酵母菌属于真菌，细菌、衣原体、支原体属于原核生物 以草履虫为例，讨论示范作品与示意图的异同 认真比对，表达见解 蓝细菌是一种原核生物，主要有细胞壁、细胞膜、细胞质三种结构，细胞质中有核糖体，还有光合片层。蓝细菌与真核细胞最根本的区别是它没有成形的细胞核，只有不成形的核区——拟核	介绍典型单细胞生物：草履虫、变形虫、眼虫、衣藻、酵母菌、细菌的结构模式图，展示相应的示范作品，引导学生发散思维，探讨如何将生物教材中的素材转化为剪纸作品的处理技巧 认识到"艺术源于生活，但高于生活"，掌握将生活中的素材转化为剪纸的一些处理技巧，渗透结构与功能观 让学生进行建模，发展学生的科学思维 开展跨学科实践活动，培养学生的探究实践能力。通过实践，帮助学生初步形成严谨的科学态度

教学环节	教师活动	学生活动	教学意图
创作单细胞生物的剪纸作品	如何在剪纸中体现出蓝细菌的这些结构？如，蓝细菌的外观为椭球形，在平面上展示出来的应该是椭圆形，我们可以将一张纸对折后，再对折一次，相当于把纸张进行了四等分，利用数学对称的方法去完成，整体性会更美观一些。我们再综合运用月牙纹、波浪纹、点纹分别体现它的光合片层、拟核、核糖体。大家第一次接触，如果觉得直接剪不好剪，也可以先画好，再将阴影部分全部剪掉，就可以得到蓝细菌的剪纸作品了 我们一起试试吧！ 根据学生的不同情况，有针对性地进行指导，肯定学生的创作，引导学生展示自己的作品	参考图例，根据自己的理解进行剪纸的创作 学生根据自己理解进行剪纸创作，展示自己的作品	通过自己的参与零距离感受剪纸的魅力，增强民族自豪感和文化自信心
布置作业	布置综合性作业：课堂延伸，练习并完成其他单细胞生物剪纸作品	完成综合性作业	综合性作业体现实践性、跨学科性

（五）课后反思

这节生物剪纸课不仅能使学生巩固生物学知识，还能促进学生积极去发现美、感受美、表达美，让学生深刻感受到生命的美好，进而热爱生命、敬畏生命，落实核心素养。但是，学生对剪纸技法的生疏可能会影响剪纸作品的完成度，教师要根据学生实际操作情况进行及时指导。

三、实操案例

（一）活动内容

2023年12月31日，和县一中开展了一堂以"'走进生物世界，感受生命之美'发现生物教材中的剪纸素材之单细胞生物"为主题的生物课，如图4所示。课堂上，和县一中生物老师、"和县剪纸"市级传承人江芸老师为学生讲解剪纸的基本表现技法、造型语言和文化内涵，让学生零距离感受非物质文化遗产剪纸的魅力。同时，结合单细胞生物的结构模式图示范讲解相关剪纸作品的创作技巧，生动的讲解、精彩的展示让学生兴奋不已。活动中，学生认真学习剪纸文化，熟悉剪纸技术，积极主动创作剪纸作品，课堂气氛非常活跃。

a.江芸老师现场传授剪纸技巧

b.学生积极参与剪纸创作

c.优秀剪纸作品展示

d.师生共同展示剪纸作品

图4 "走进生物世界，感受生命之美"主题生物课

此次活动，江芸老师将生物课本中的各种单细胞生物图片作为剪纸素材与剪纸艺术有机结合起来，让学生利用红纸剪出各种造型的单细胞生

物，不仅能使学生在巩固生物知识的过程中，积极去发现美、感受美、表达美，更让学生深刻感受到生命的美好，进而热爱生命、敬畏生命，落实生物学科素养的要求。

（二）活动反思

通过将剪纸文化与生物教材中的素材相结合，展示生命之美，让学生亲身体验中国传统文化的魅力，进一步了解我国的传统文化，帮助学生增强民族自豪感和文化自信心。活动过程中，学生的参与度非常高，饱满的热情和活跃的思维为他们的创作提供了清晰的思路，很多学生都创作出自己满意的作品，有利于开发学生的创造力和想象力。但由于创作时间相对较短，个别学生初次接触剪纸，在创作中还不能熟练地掌握剪纸技巧，可以通过多次开展相关剪纸活动来解决。

第六篇　制作细胞膜的流动镶嵌模型

基本概况

本篇聚焦"如何利用剪纸建构细胞膜的流动镶嵌模型"这一问题，综合利用生物学、数学、劳动、美术、语文等学科知识，探讨利用剪纸建构生物学模型的处理技巧，分组合作创作剪纸作品。

本篇的跨学科实践活动能够帮助学生理解细胞膜流动镶嵌模型的基本内容，建立结构与功能观，提高观察能力和动手操作能力。本篇的跨学科实践活动融合了生物学、数学、劳动、美术、语文等多学科知识，渗透一定的生命观念、美术表现、直观想象、数学建模、审美创造、文化自信，培养学生的科学思维、探究实践及劳动能力，可有效提升学生的核心素养。

本篇将聚焦的关键问题分解成多个问题进行探究或实践，如"细胞膜流动镶嵌模型的基本内容有哪些？"（生物学），"如何通过剪纸并基于对细胞膜流动镶嵌模型基本内容的认识建构模型？"（美术、生物学），"如何利用对称的方法处理剪纸中遇到的问题，并建构模型？"（数学、生物学），"如何评价模型？"（语文、生物学），"剪纸过程中，如何把握形状、尺度、比例和数量等关系？"（数学、劳动、生物学）等。在这些问题的探究与实践过程中，需要学生了解剪纸的基本表现技法、造型语言和文化内涵，结合细胞膜流动镶嵌模型的基本内容，创作出以剪纸为载体的生物学模型。教师在实践活动中需要指导学生完成系列实践活动任务。任务一，学习剪纸的基础知识（美术、生物学）；任务二，观察细胞膜的流动镶嵌模型，说出其结构特点（生物学）；任务三，创作细胞膜流动镶嵌模型的剪纸作品（生物学、数学、劳动、美术、语文）等。

依据新课标课程内容中的"生物体的结构层次""生物学与社会·跨学科实践"学习主题，结合初中生物学教学进度，本篇的跨学科实践活动可以在七年级第一学期开展，建议安排1课时。

生 本 课 程

细胞膜的成分以及结构较为复杂，利用细胞学模型可以帮助学生深入理解其功能，能加深学生对细胞膜结构的理解。以细胞膜的流动镶嵌模型为素材，利用中国传统文化中剪纸的技法来创作细胞膜流动镶嵌模型的剪纸作品。下面我们就来动手实践一下吧！

一、任务挑战

学习剪纸基础知识；观察细胞膜的流动镶嵌模型，说出其结构特点；创作细胞膜流动镶嵌模型的剪纸作品。

二、活动准备

红纸、剪刀。

三、活动过程

（一）剪纸图纹基础知识

剪纸图纹是剪纸创作不可缺少的装饰手法，主要用来表现作品的完美气韵。例如花边，无论窗花、喜花、景物、动物，加上一条或一圈精美的花边，常常会给人增添一种艺术的完美感。花边的变化多种多样，有单面不对称的，有对称的，有月牙纹、锯齿纹、圆纹、云纹、水纹、柳叶纹等，如图1所示。

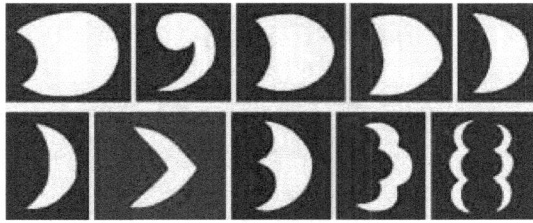

a.月牙纹

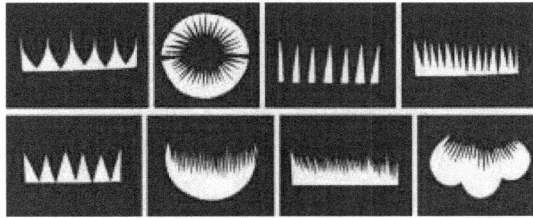

b.锯齿纹

c.圆纹

d.云纹

e.水纹

f.柳叶纹

图1　剪纸图纹

（二）观察细胞膜的流动镶嵌模型，说出其结构特点

细胞膜作为系统的边界，有着极为重要的功能。细胞膜的功能是由它的成分和结构决定的。对细胞膜成分和结构的探索经历了一个漫长的阶段，1972年辛格和尼科尔森提出的流动镶嵌模型为大多数人所接受，如图2所示。

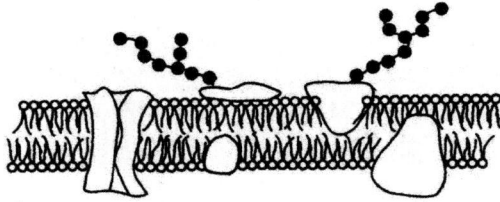

图2　细胞膜的流动镶嵌模型

细胞膜结构特点：一是膜蛋白和膜脂均可侧向移动；二是膜蛋白的分布，蛋白质有的镶嵌在膜的内或外表面，有的嵌入或横跨磷脂双分子层。

（三）创作细胞膜流动镶嵌模型的剪纸作品

教师进行剪纸画操作示范；讨论：将生物教材中的素材转化为剪纸作品的处理技巧；进行剪纸创作，要求能体现细胞膜流动镶嵌模型的结构特点。

（四）分享制作的"细胞膜的流动镶嵌模型生物剪纸画"作品

分享你的"细胞膜的流动镶嵌模型生物剪纸画"作品照片至班级群，供大家学习与评价。

四、综合性作业与答案

1.综合性作业

（1）说出生物膜的流动镶嵌模型的结构特点。

（2）完善你的作品。

2.参考答案

（1）略　（2）略

五、评价与反思

参照表1及表2，分别对你的物化作品和本次活动进行评价与反思。

表1　跨学科实践活动物化作品——"细胞膜的流动镶嵌模型剪纸画"评价量规

维度	示范级	合格级	需改进级
科学性	作品能较好地体现细胞膜的形态结构特征，符合客观事实 能够运用点、线、面进行造型，能够灵活运用基本纹样装饰作品	作品能体现细胞膜的形态结构特征，基本符合客观事实 能够运用点、线、面进行造型，能够运用基本纹样装饰作品	作品不能体现细胞膜的形态结构特征，不符合客观事实 不能运用点、线、面进行造型，不能运用基本纹样装饰作品
美观性	线条流畅，自然平整，作品完整，布局合理	线条流畅，自然平整，毛刺少 作品完整，布局基本合理	线条不流畅平整，毛刺多 作品不完整，布局不合理
实用性	可用于生物学教学和剪纸作品展示	可用于生物学教学和剪纸作品展示	不可用于生物学教学和剪纸作品展示
自评			
他评			
终评			

注：在对应等级打√。

表2　跨学科实践活动评价与反思表

评价指标	评价标准	评价等级 （填：优秀、一般、合格）
参与程度	小组成员有明确的职责，能发挥自己的作用	
合作交流	积极参加小组讨论，并提出自己的观点	
创新意识	活动有创新意识，并能在成果中实现	

反思：你认为此活动中最有意思或最感兴趣的步骤或细节是什么？

签名：　　　　　年　月　日

教 学 参 考

在生物教学中，结合所学内容适时地开展模型建构活动，可以让学生通过动手"做"科学，把微观抽象概念具体化、形象化，极大提高学生对抽象事物理解力和认知能力，进而促进学生在思想品德修养、科学文化素养、人文和审美素养、健康和劳动素养等方面的全面提升。

一、教学方案

（一）提出问题

你能结合细胞膜的流动镶嵌模型的结构特点，创作出以剪纸为载体的生物学模型吗？

（二）教学目的

通过非遗文化入课堂实践活动的开展，让学生亲身体验到剪纸艺术的魅力，建立民族文化自信。（语文、思政）

初步了解剪纸的基本技法，欣赏和评价剪纸示范作品。（数学、美术）

回顾细胞膜的流动镶嵌模型及结构特点。（生物学）

引导学生发散思维，探讨如何利用剪纸建构生物学模型。体验建构模型的步骤，在"建模—反思—修正—完善—提升"环节中，提高科学思维能力。（生物学、数学、劳动、美术、语文）

（三）教学计划

回顾细胞膜的流动镶嵌模型及结构特点，探索如何通过剪纸完成流动镶嵌模型。

（四）教学思路

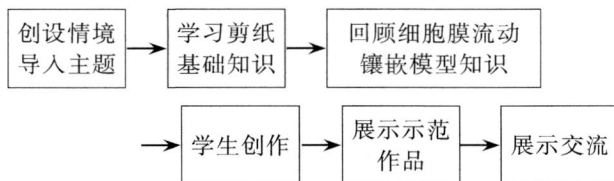

二、教学设计

（一）跨学科实践教学目标

教学目标	涉及学科	核心素养
阐述流动镶嵌模型的基本内容，建立结构与功能观，使学生掌握生物学基础知识，形成基本的生命观念	生物学	生命观念
引导学生发散思维，了解中华剪纸文化，探讨如何利用剪纸建构流动镶嵌模型，培养学生创意实践的能力	生物学 美术 语文	科学思维、生命观念、探究实践 美术表现、创意实践 文化自信、审美创造
利用对称的方法解决模型中的问题，在剪纸过程中，体验建构模型的步骤，在"建模--反思--修正--完善--提升"环节中，提高科学思维能力	生物学 数学	社会责任、科学思维、探究实践 数学建模、直观想象
通过剪纸作品的互评，使学生学会表达自己的想法，提升审美情趣，增进学生之间的交流	生物学 语文	责任态度 语言运用
在剪纸过程中，要关注形状、尺度、比例和数量等，帮助学生形成"结构与功能""尺度、比例和数量"等跨学科概念	生物学 数学	生命观念 数学建模

（二）教学准备

1.教师准备

A4红纸、剪刀、流动镶嵌模型示范作品（由剪纸非遗传承人和县一中江芸老师完成，如图3所示）。

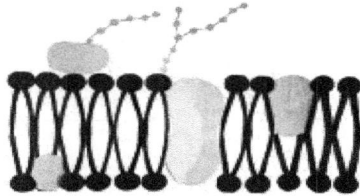

图3 流动镶嵌模型剪纸示范作品

2.学生准备

复习剪纸的基本技法。

（三）教学重难点

1.教学重点

流动镶嵌模型的内容。

2.教学难点

将流动镶嵌模型转化为剪纸作品。

（四）教学过程

教学环节	教师活动	学生活动	教学意图
创设情境 导入主题	在新年到来的时候，我们一般会如何装饰我们的家呢？	挂灯笼、贴对联、贴窗花等	以新年贴窗花为切入点导入中华非遗剪纸艺术

教学环节	教师活动	学生活动	教学意图
学习剪纸基础知识	我们先来了解一下剪纸文化。剪纸图纹是剪纸创作不可缺少的装饰手法，主要用来表现作品的完美气韵，如无论窗花、喜花、景物、动物，加上一条或一圈精美的花边，常常会给人增添一种艺术的完美感。花边的变化多种多样，有单面不对称的，有对称的，有月牙纹、锯齿纹、圆纹、云纹、水纹、柳叶纹等 展示常见纹样的实际剪法，强调操作技巧	了解剪纸文化，学习剪纸的基本表现技法、造型语言和文化内涵，熟悉剪纸技术观摩操作	进一步了解剪纸文化，熟悉剪纸的基本技法
回顾细胞膜的流动镶嵌模型及结构特点	我们学习的生物学内容也可以作为剪纸的素材，成为新的纹样。这种创新的纹样素材可以帮助我们构建物理模型。我们一起试吧!多姿多彩的生物，使我们的地球家园充满了勃勃生机。生物体结构和功能的基本单位是细胞，细胞的边界是细胞膜，细胞膜的功能是由它的成分和结构决定的。辛格与尼科尔森在1972年提出的流动镶嵌模型是现今为大多数人所接受的细胞膜的分子结构模型 回顾其结构特点：一是膜蛋白和膜脂均可侧向移动；二是膜蛋白的分布，蛋白质有的镶嵌在膜的内或外表面，有的嵌入或横跨磷脂双分子层	回顾细胞膜的流动镶嵌模型，思考其结构特点	让学生对流动镶嵌模型有更充分、更深入的认识和感受，激发创意灵感，渗透结构与功能观

教学环节	教师活动	学生活动	教学意图
创作细胞膜流动镶嵌模型的剪纸作品	如何利用剪纸来建构它的模型呢？大家可以思考一下，如何设计？ 教师根据学生的不同情况，有针对性地进行指导，展示制作流程： 1.取A4纸张通过图甲所示数学对称的方法折叠成16等份 2.原纸张边缘朝上，绘出图乙所示图形 图甲　　　　　　图乙 3.剪去阴影，展开得到流动镶嵌模型的基本支架——磷脂双分子层模型 4.剪出大小不一的类似椭圆形的形状如图丙所示的蛋白质 5.剪出类似图丁所示的几条相连的六边形糖链 6.组装各结构，形成图戊所示流动镶嵌模型的剪纸作品 图丙　　图丁　　　　图戊 我们一起试试吧！教师根据学生的不同情况，有针对性地进行指导，肯定学生的创作，引导学生展示自己的作品	思考讨论，用剪纸建构流动镶嵌模型的方法参考图例，根据自己的理解，进行剪纸建模的创作 学生根据自己理解进行剪纸创作，展示交流自己的作品	通过学生亲手制作生物模型，进一步走近细胞，直观地感受并理解磷脂、蛋白质等分子有序排列构成细胞膜结构，深刻领悟细胞膜结构和功能之间的关系，体验模型制作在生物学研究和学习中的作用，渗透结构与功能观让学生进行建模，发展学生的科学思维。开展跨学科实践活动，培养学生的探究实践能力。通过实践，帮助学生初步形成严谨的科学态度，培养学生动手能力和创造力

教学环节	教师活动	学生活动	教学意图
评价与练习	将"单细胞生物剪纸画"作品照片上传至班级群。出示评价量规,指导评价	完成上传及评价	使学生及时回顾活动中的收获,肯定自己,激发兴趣
布置作业	布置综合性作业	完成综合性作业	体现实践性、跨学科性

（五）课后反思

通过教师的介绍与展示,学生已经初步掌握剪纸基本技法,但熟练程度及模型中每种结构的比例上控制能力有限,教师需要在学生构建模型中及时指导。

三、实操案例

（一）活动内容

2022年10月20日,和县一中开展了一堂以"'走进生物世界,感受生命之美'发现生物课本中的剪纸素材之建构细胞膜的流动镶嵌模型"为主题的课堂实践活动。课堂上,和县一中生物老师、"和县剪纸"市级传承人江芸老师为学生讲解剪纸的基本表现技法、造型语言和文化内涵,让学生零距离感受非物质文化遗产剪纸的魅力。同时,讲解以剪纸为载体的流动镶嵌模型的构建方法,生动的讲解、精彩的展示让学生兴奋不已。活动中,学生认真学习剪纸文化,熟悉剪纸技术,积极主动创作剪纸作品,课堂气氛非常活跃。

此次活动,学生通过亲手制作生物模型,如图4所示,进一步走近细胞,直观地感受并理解磷脂、蛋白质等分子有序排列构成细胞膜结构,领悟细胞膜结构和功能之间的关系,体验模型制作在生物学学习和研究中的作用,培养了学生动手能力和创造力。

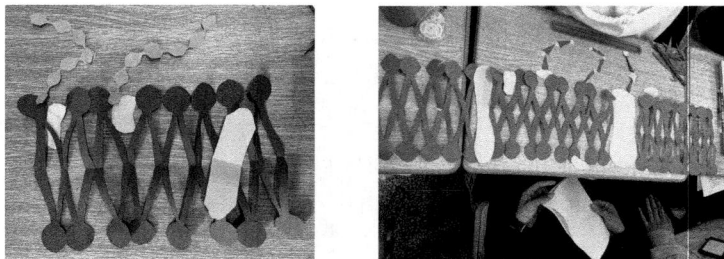

图4　学生制作的流动镶嵌模型剪纸作品

（二）活动反思

教育的目的就是要丰富和开拓学生的创作思路，发挥学生蕴藏着的无限创造潜能，激发学生去寻找、去发现、去创造的热情。通过将剪纸文化与生物学中的模型构建相结合，展示生命之美，让学生亲身体验中国传统文化的魅力，进一步了解我国的传统文化，帮助学生建立民族自豪感和文化自信心，激发学生的爱国主义情怀。

第七篇 制作细胞的物理模型

基本概况

　　"植物细胞"和"动物细胞"是人教版生物学七年级上册第一单元第二章的内容。开展制作细胞物理模型的实践活动，可以更好地展现微观世界的细胞结构，帮助学生掌握细胞的基本结构，理解细胞的结构与功能。本篇围绕细胞的结构与功能，聚焦"制作细胞的物理模型"这一问题，综合利用生物学、物理和数学知识，制作细胞的物理模型。

　　本篇的跨学科实践活动能够帮助学生深入了解细胞的结构与功能，形成细胞结构与功能相适应的生命观念，进一步提高动手能力、逻辑思维能力、创新能力、自主学习与合作学习的能力、审美和语言表达能力等。本篇的跨学科实践活动融合了生物学、物理和数学等多学科知识，渗透一定的生命观念、物理观念和数学观念，可以培养学生的科学思维、探究实践能力、劳动能力，有效提升学生的核心素养。

　　本篇将开展下列探究性或实践性任务。任务一，观察动植物细胞的结构模式图，确定方案并制作细胞物理模型（生物学、物理、数学、劳动、美术）；任务二，列表比较动植物细胞结构上的异同点（生物学）；任务三，列表总结细胞各结构的功能（生物学、信息科技）等。通过这样的跨学科实践活动可以培养学生的跨学科思维、探究实践、语言运用、审美创造及劳动能力和小组分工协作能力。

　　依据新课标课程内容中的"生物体的结构层次""生物学与社会·跨

学科实践"学习主题，结合初中生物学教学进度，本篇的跨学科实践活动可以在七年级第一学期开展，建议安排1课时。

生本课程

"制作模型"是科学研究中非常重要的，而且应用十分广泛的一种方法。今天我们就通过制作模型的方法，对细胞进行一场有趣的模拟活动——制作细胞的物理模型。下面我们就来动手实践一下吧。

一、任务挑战

观察动植物细胞结构模式图，了解动植物细胞结构特点。小组分工协作，研讨确定方案，制作细胞的物理模型。列表比较动植物细胞结构上的异同点。列表总结细胞各结构的功能。

二、活动准备

1.材料用具

橡皮泥、彩色卡纸、泡沫塑料、木块、纸板、纸片、塑料袋、布、线绳、细铁丝、大头针等。

2.活动分组

4～6人一组并分工。

三、活动过程

（一）观察动植物细胞结构模式图

观察动植物细胞结构模式图，如图1所示，指出植物细胞和动物细胞的主要结构特点。

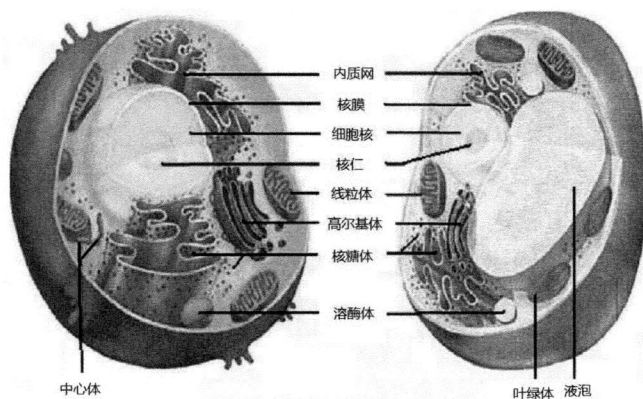

图 1 动植物细胞结构模式图

（二）制作细胞的物理模型

选择模型的种类和规格；选择合适的材料用具；设计方案，通过讨论，确定制作模型的实施过程及具体分工；按照分工制作配件并组合；参照设计方案，对制作的模型进行检查并修补缺陷。

（三）比较动植物细胞结构的异同点

比较动植物细胞结构上的异同点，如表1所示，指出动植物细胞共同具有的结构，以及植物细胞独有的结构。

表 1 动植物细胞的结构比较

细胞结构	细胞壁	细胞膜	细胞核	细胞质	线粒体	叶绿体	液泡	高尔基体	内质网	核糖体	溶酶体	中心体
动物细胞												
植物细胞												

注：请用√或×表示有无此结构。

（四）总结细胞各结构的功能

总结动植物细胞各个结构的功能，如表2所示。

表2 细胞各结构的功能

细胞结构	功能
细胞壁	
细胞膜	
细胞核	
细胞质	
线粒体	
叶绿体	
液泡	
高尔基体	
内质网	
核糖体	
溶酶体	
中心体	

（五）分享制作的"细胞的物理模型"作品

分享你的"细胞的物理模型"作品照片至班级群，供大家学习与评价。

四、综合性作业与答案

1. 综合性作业

（1）与动物细胞相比，植物体绿色部分的细胞特有的能量转换器是
（   ）

A. 液泡   B. 叶绿体   C. 线粒体   D. 细胞核

（2）细胞内不同的结构具有不同的功能，下列结构与功能匹配错误的
是（   ）

A. 细胞膜——控制物质进出细胞

B. 叶绿体——将光能转变成化学能

C. 线粒体——分解有机物，释放能量

D. 细胞核——保护细胞内部结构

（3）根据植物和动物细胞模式图回答：

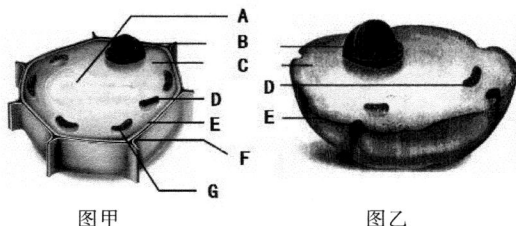

图甲　　　　　　　　图乙

①图中甲是_____细胞。

②[C]_____的流动说明细胞是活的，是有生命的。

③水稻苗吸收含硅的无机盐多，而吸收含钙的无机盐少，是因为细胞具有_____（填结构名称）。

④细胞结构中，有"细胞的控制中心"之称的是[　]_____。

⑤橙子中酸甜的汁液主要存在于其细胞的[　]（填图中字母）中。

⑥甲和乙都有的能量转换器是[　]_____。

（4）参考人教版生物学中综合实践项目的方案，完善你的作品。

2.参考答案

（1）B　（2）D　（3）①植物　②细胞质　③细胞膜　④B　细胞核　⑤A　⑥D　线粒体　（4）略

五、评价与反思

参照表3及表4，分别对你的物化作品和本次活动进行评价与反思。

表3　跨学科实践活动物化作品——"细胞物理模型"的评价量规

维度	示范级	合格级	需改进级
科学性	作品符合客观事实，结构完整 各种细胞器大小比例合适 整个细胞模型立体感鲜明	作品基本符合客观事实，结构完整 各种细胞器大小比例较合适 模型具有立体感	作品基本符合客观事实，结构相对完整 各种细胞器大小比例不合适 整个细胞模型无立体感

维度	示范级	合格级	需改进级
美观性	制作精美，美观大方 作品设计直观易懂、巧妙、有创意	作品设计直观易懂	不美观
实用性	模型具有坚固性、无毒、不易老化、可长久使用的特点	模型坚固、无毒	模型坚固性差，不易保存
自评			
他评			
终评			

注：在对应等级打√。

表4　跨学科实践活动评价与反思表

评价项目		评价等级		
1	评价我们小组制作的模型	科学性	强	一般	无
		艺术性	美观	一般	粗糙
		成本	昂贵	一般	低廉
2	参与制作模型活动的态度		积极	较积极	不积极
3	与本组同学合作的态度		愉快	较愉快	不愉快
4	完成任务的情况		完成全部	完成大部分	完成小部分
5	能否分辨动植物细胞		能分辨	不能分辨	
6	了解动植物细胞结构的程度		完全了解	部分了解	了解甚少
7	知道细胞各结构功能的多少		全都知道	部分知道	知道甚少
8	希望再次参与类似活动的意愿		特别期待	可以参与	不再参与

反思：你认为此活动中最有意思或最感兴趣的步骤或细节是什么？

　　　　　　　　　　　　　　　　　签名　　　　　年　　　月　　　日

注：根据真实情况在对应项目上画√。

教学参考

　　学生通过人教版生物学七年级上册教材第一单元第二章中的"植物细胞"和"动物细胞"的课堂教学，对动植物细胞的基本结构和部分细胞器的功能已有所了解。为使学生全面思考细胞的基本结构与功能特点，加深学生对细胞结构与功能的理解，形成细胞结构与功能相适应的科学观念，特在课本内容的基础上，设计模拟实验，意图通过学生亲自动手制作细胞物理模型，让学生从枯燥的文字中摆脱出来，同时通过观察与思考使学生全面掌握细胞的基本知识，为进一步学习细胞的相关知识打下基础。本活动建议在七年级第一学期开展，计划安排1~2课时。

一、教学方案

（一）提出问题

　　如何制作细胞的物理模型？选择哪些材料？（生物学、物理、美术）
　　动植物细胞的结构有哪些异同点？（生物学）
　　细胞各结构对应的功能是什么？（生物学、信息科技）

（二）教学目的

　　在制作细胞物理模型的过程中，熟知动植物细胞的基本结构。列表对比动植物细胞的结构，了解动植物细胞结构上的异同点。查阅书籍或网络资料，知道细胞各结构的功能。通过制作细胞物理模型的活动，锻炼动手能力、逻辑思维能力和创新能力。通过小组分工合作的方式，培养自主学习、合作学习的能力。通过展示交流、互相评价，培养审美和语言表达能力。

（三）教学计划

　　小组分工协作，研讨确定方案；制作细胞的物理模型。

列表比较动植物细胞结构上的异同点。

列表总结动植物细胞各结构的功能。

（四）教学思路

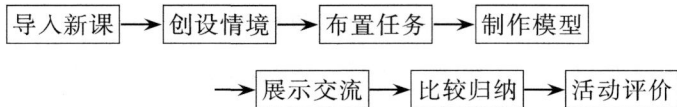

二、教学设计

（一）跨学科实践教学目标

教学目标	涉及学科	核心素养
通过制作细胞模型，熟知动植物细胞的基本结构，锻炼学生的动手能力、逻辑思维能力和创新能力，培养学生自主学习、合作学习的能力	生物学 工程学 物理 美术	生命观念、科学思维、探究实践、态度责任 态度责任 物理观念 美术表现、审美判断
比较动植物细胞的结构，了解动植物细胞结构上的异同点	生物学	生命观念、科学思维
查阅书籍或网络资料，知道细胞各结构的功能，形成结构与功能相统一的生命观念	生物学 信息科技	生命观念 信息意识
通过展示交流、互相评价，培养学生的审美和语言表达能力	语文 美术	语言运用 审美创造
在模型制作过程中，要关注形状、尺度、比例和数量等，帮助学生形成"结构与功能""尺度、比例和数量"等跨学科概念	生物学 数学 劳动	生命观念 数学建模 劳动能力

（二）教学准备

1.教师准备

制作多媒体课件，提供制作细胞的物理模型可能用到的材料（如泡沫塑料、木块、纸板、纸片、塑料袋、布线绳、细铁丝、大头针、橡皮泥等）。

2.学生准备

学生分成4~6人一小组并进行内容的分工；准备小组制作细胞物理模型用到的材料（建议使用环保材料和安全的废弃物材料）；通过书籍或网络，查询细胞各结构的功能。

（三）教学重难点

1.教学重点

动植物细胞物理模型的制作。

2.教学难点

模型的选材和制作。

（四）教学过程

教学环节	教师活动	学生活动	教学意图
导入	我们见过各种各样的生物模型，如DNA双螺旋结构模型等。科学家经常用模型来代表非常庞大的或者是极其微小的事物。"模型方法"是科学研究中非常重要的，而且应用十分广泛的一种方法。今天，我们就通过模型的方法，对细胞进行有趣的模拟活动——制作细胞的物理模型	形成对模型的认识，产生探究的兴趣	明确学习目标，激发学习兴趣

教学环节	教师活动	学生活动	教学意图
制作细胞物理模型	1.提供动植物细胞结构模式图，介绍动植物细胞的主要结构，如细胞壁、细胞膜、细胞质、细胞核和各种主要的细胞器 2.展示网上收集到的各种细胞模型图片，介绍各种类型制作细胞模型的材料 布置任务：把学生分为4~6人一小组。每小组需完成以下任务：动植物细胞模型的制作，比较动植物细胞结构的异同点，说出细胞各结构的功能 制作要点：提供细胞器大小参考数据，引导学生制作的各种细胞结构的大小呈比例 细胞结构大小：细胞核直径5~10μm；叶绿体长径5~10μm，短径2~4μm，厚2~3μm；线粒体直径0.5~1μm，长度1.5~3μm；中心粒直径0.15~0.2μm，长度0.3~0.5μm；核糖体最小 教师巡视，参与讨论，指导制作，及时指出制作过程中存在的问题 制作完成后选择部分作品用投影仪展示，并让小组代表介绍制作的模型各部分结构名称，制作过程中遇到的困难，解决困难的方法，不足和改进措施 引导学生开展小组自评和互评	观察动植物细胞结构模式图，了解动植物细胞基本结构和各种主要的细胞器 在观察的基础上，讨论和思考用哪类哪些材料进行细胞模型制作 学生分小组进行内容的分工，研讨模拟制作的方案，选定用哪些材料模拟制作细胞的各种细胞器或相应结构 学生按小组分工配合协作，根据研讨确定的方案，制作细胞质、细胞核、细胞膜，各主要细胞器如高尔基体、内质网、溶酶体、核糖体、线粒体等，植物细胞还有细胞壁、叶绿体和液泡 同时完成其他两项任务 学生按组展示各自的作品并派代表介绍和讲解 小组间开展自评、互评。从科学性、艺术性、成本等方面对各小组的模型进行评价	渗透结构与功能观。学生通过观察，分析细胞模型的材质、颜色代表的结构等，形成对细胞模型的感性认识 发展学生的科学思维，激发学生探究欲望，活跃课堂气氛 在构建中主动探索，积极思考，培养学生自主学习、合作学习的能力 通过制作模型，培养学生的探究实践能力、创造能力和动手能力，有利于学生对细胞相关知识的感知和领悟；渗透结构与功能观；让学生进行建模，发展学生的科学思维；通过实践帮助学生初步形成严谨的科学态度 使学生学会评价，学会欣赏。通过表达，帮助学生初步形成严谨的科学态度，通过激励性的评价促进学生主动积极开展合作探究

教学环节	教师活动	学生活动	教学意图
动植物细胞结构和功能	学生利用身边随手可得的材料，经过自己的学习和创造性的思维制作了这些模型。他们很好地展现了只能在电镜下才能观察到的细胞主要结构。让我们看到了普通光学显微镜看不到的部分，有利于我们更好地认识动物和植物细胞的基本结构。动物细胞与植物细胞的结构有什么异同点呢？这些细胞结构又有哪些主要功能呢？请学生根据自己的学习和调查，思考并回答	相互倾听，认真思考，积极发言，讨论补充 列表比较动植物细胞结构上的异同点 列表总结细胞各结构的功能	通过思考和讨论，比较动植物细胞结构上的异同点，总结细胞各结构的功能，形成结构与功能相统一的科学观念，让学生学会比较、归纳，发展学生的科学思维
小结	引导学生总结本节课的体验和收获	学生填写评价表	学生感受学习的快乐和收获
布置作业	请学生根据课堂讨论，对作品进行进一步修改，布置作业将"细胞物理模型"作品拍照，照片上传至班级群，完成评价	课下对作品进行进一步修改，完成作业。准备好介绍说明稿，留待校内展示时使用	综合性作业，体现实践性和跨学科性

（五）课后反思

　　这节课的课堂教学以学生为主体，充分激发学生的主动性，发挥学生的创造力。课堂上教师提供的材料有限，学生制作细胞模型使用的材料不应该只局限于这些材料，要积极发挥学生的主动性和创造力，鼓励他们课下继续使用环保材料和安全的废弃物材料。鼓励学生创新方案创作模型。

不同的材料制作出的细胞模型，有着相应的优缺点，建议使用多种复合型材料，能更恰当地表示各种细胞器的形态特点。例如，橡皮泥具有色彩丰富、可塑性强的特点，很多学生都选择橡皮泥为材料来制作细胞模型，但是高尔基体和内质网囊泡，实际上是空泡状，用橡皮泥无法体现其结构。教师就可以使用彩色的卡纸，剪一张纸条，围成内部相通的一个网状结构，表示内质网；内部不相通的囊状结构，表示高尔基体；再使用橡皮泥制作细胞质基质，将卡纸做的高尔基体和内质网固定在橡皮泥制作的细胞质基质上，更具有立体感，又兼具科学性。

三、实操案例

（一）活动内容

2021年12月，马鞍山市外国语学校杨冰老师组织七年级学生开展了跨学科实践活动"制作细胞的物理模型"。

课堂上杨冰老师把学生分为4～6人一小组，合作完成动植物细胞模型的制作。杨冰老师提供细胞器大小参考数据，引导学生制作大小成比例的各种细胞结构，鼓励学生利用身边随手可得的材料，经过自己的学习，结合创造性的思维制作模型，如图2所示。制作完成后，引导学生开展小组自评和互评，从科学性、艺术性、创新性、成本等方面对各小组的模型进行评价。

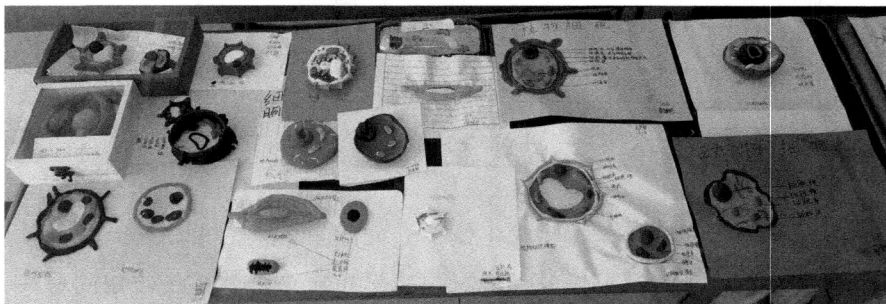

图2　学生作品

（二）活动反思

　　本活动的课堂教学以学生为主体，充分激发学生的主动性，发挥学生的创造力。学生在制作细胞模型过程中，不仅领悟了细胞结构与功能相适应的科学观念，还体验了成功的快乐和收获的喜悦。通过这一节课，学生对细胞，甚至对整个生物学都能产生浓厚的兴趣。课堂中，教师只起到引领的作用，学生在小组内相互合作，各小组间互相比较，积极思考，密切合作，相互交流，这样跨学科的实践活动既培养了他们的能力，又提升了他们的科学素养。

第八篇　制作肺的通气模型

本篇围绕"发生在肺内的气体交换"，聚焦"呼吸运动可以实现肺与外界的气体交换"这一重要概念，综合利用生物学和物理等学科的知识，开展"制作肺的通气模型"探究实践活动。

通过本篇的跨学科实践，学生能够设计和动手制作肺的通气模型，并操作展示模型。通过操作模型，观察吸气和呼气，分析膈肌的收缩和舒张引起肺内气压和外部气压的变化，归纳得出关于呼吸运动原理的结论。本篇实践活动融合了生物学、物理、信息技术和劳动等多学科知识，渗透了生命观念、物理观念等，对学生的科学思维、科学探究、劳动能力等核心素养的培育都是至关重要的。

本篇的跨学科实践活动，教师需要指导学生完成系列实践活动任务。任务一，观看"呼吸运动"动画（信息科技）；任务二，观察教师操作示范模型（生物学、劳动）；任务三，设计并制作肺的通气模型（生物学、数学、劳动）；任务四，思考气体与压力容积的关系（生物学和物理）；任务五，探究气体是如何进出肺（生物学、物理）等。

依据新课标课程内容中的"人体生理与健康""生物学与社会·跨学科实践"学习主题，结合初中生物学教学进度，本篇的跨学科实践活动可以在七年级第二学期开展，建议安排2课时。

深吸一口气，再缓缓地吐出，感受一下呼吸运动中胸廓是否发生变化？为什么气体能进出我们的肺呢？我们一起设计实验模型，寻求答案吧。

一、任务挑战

设计"肺的通气模型"，分析呼吸运动的原理。

二、活动准备

材料用具：塑料瓶、小气球、三通管（或塑料吸管）、打孔器、橡皮膜、剪刀等。

三、活动过程

（一）实验过程

活动1：感知自己的"呼吸运动"。

活动2：观看动画"呼吸运动"。

活动3：观察"肺的通气"示范模型，如图1所示，观看教师演示"肺的通气"。

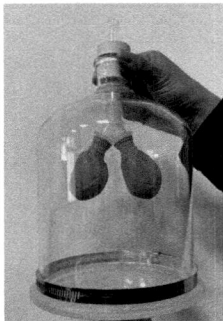

图1　"肺的通气"模型

活动4：开展"推拉注射器活塞"实验。

将注射器的活塞拉出一部分，用手指堵住针孔，用力推有什么感觉？推不动时，松开手，观察活塞的运动方向。想一想，为什么会有这样的变化呢？

将注射器的活塞拉出一部分，用手指堵住针孔，用力拉有什么感觉？拉不动时，松开手，观察活塞的运动方向？想一想，为什么会有这样的变化呢？

（二）呼吸运动的原理

依据呼吸运动的原理，完成表1。

表1　呼吸运动

呼吸运动	肋骨间的肌肉	膈肌	肋骨	膈顶部	胸廓	胸腔容积	肺	肺内气压	气体进出肺
吸气									
呼气									

（三）设计方案、制作"肺的通气模型"

提示：塑料瓶表示胸廓，小气球表示左肺和右肺，橡皮膜表示膈肌，三通管表示气管和支气管。

（四）分享制作的"肺的通气模型"作品

分享你制作的"肺的通气模型"作品照片及操作视频至班级群，供大家学习与评价。

四、综合性练习与答案

1.综合性练习

（1）下图为模拟膈肌运动的实验装置和肺泡与血液之间的气体交换示意图，据图回答问题：

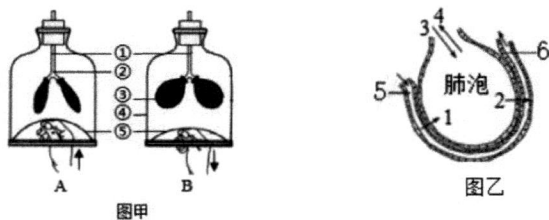

图甲　　　　　　　　　图乙

a.图甲中A处于_____（填"吸气"或"呼气"）状态，图中的⑤模拟人体的_____。

b.吸气时，肋骨间的肌肉和膈肌_____，使胸腔容积_____（填"扩大"或"缩小"），肺随着_____，肺内的气体压力外界大气压_____（填"大于"或"小于"），气体便被吸入。

c.图乙中，1代表的物质是_____，该物质通过_____（填原理）从血液进入肺泡。血液从毛细血管的5端流到6端后，其成分的变化是_____。

d.人体呼出的二氧化碳的产生部位是_____。

（2）完善你的设计方案及"肺的通气模型"作品。

2.参考答案

（1）a.呼气　膈　b.收缩　扩大　扩张　小于　c.二氧化碳　气体扩散　由静脉血变成动脉血　d.组织细胞　（2）略

五、评价与反思

参照表2及表3，分别对你的物化作品和本次活动进行评价与反思。

表2　跨学科实践活动物化作品——"肺的通气模型"的评价量规

维度	示范级	合格级	需改进级
科学性	作品能很好地演示呼吸运动过程中膈肌运动，导致胸廓变化，引起肺的扩张和回缩现象	作品能演示呼吸运动过程中膈肌运动，导致胸廓变化，引起肺的扩张和回缩现象	作品不能演示呼吸运动过程中膈肌运动，导致胸廓变化，引起肺的扩张和回缩现象
美观性	制作精良，美观	制作一般，不够美观	制作粗糙，不美观
实用性	实用，可用于生物学教学	实用，可用于生物学教学	不实用，不可用于生物学教学

续 表

维度	示范级	合格级	需改进级
自评			
他评			
终评			

注：在对应等级打√。

表3　跨学科实践活动评价与反思表

评价指标	评价标准	评价等级 （填：优秀、一般、合格）
参与程度	小组成员有明确的职责，能发挥自己的作用	
合作交流	积极参加小组讨论，并提出自己的观点	
创新意识	活动有创新意识，并能在成果中实现	
反思：你认为此活动中最有意思或最感兴趣的步骤或细节是什么？ 　　　　　　　　　　　　　　签名：　　　年　　　月　　　日		

教学参考

　　呼吸运动是实现"肺的通气"的基础，其中膈肌等呼吸肌的收缩和舒张会引起肺内气压的变化，从而引发吸气和呼气。由于呼吸运动融合了物理学科的知识，为了帮助学生理解呼吸运动引发肺的通气，可开展"制作肺的通气模型"探究实践活动。

　　通过本次模型制作活动，引导学生进一步理解膈肌等呼吸肌的收缩和舒张会引起肺内气压的变化，从而引发吸气和呼气。通过建构"肺的通气"模型，帮助学生形成生物体的形态结构与功能的适应观，进一步提高学生探究实践的能力。

一、教学方案

（一）提出问题

能否通过建构胸廓模型展示肺的通气？（生物学、数学、劳动）
平静时人体每分钟呼吸约16次，为什么气体能进出肺呢？（生物学）
胸廓容积扩大为什么会导致气体进入？（物理）

（二）教学计划

观看"呼吸运动"动画，观察教师示范模型，制作肺的通气模型；思考气体与压力容积的关系，探究气体是如何进出肺。

（三）教学思路

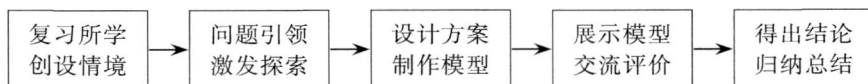

二、教学设计

（一）跨学科实践教学目标

教学目标	涉及学科	核心素养
通过设计并制作肺的通气模型，模拟膈肌的运动和胸廓容积的变化，进一步理解肺与外界的气体交换	生物学	探究实践、科学思维
通过呼吸运动可以实现肺与外界的气体交换，形成人体的结构与功能相适应的观点	生物学	生命观念
通过对大气压应用的了解，认识大气压与人类生活的关系	生物学 物理	态度责任 物理观念
能运用所学知识分析日常生活中的安全问题，践行安全与健康生活	生物学	态度责任

教学目标	涉及学科	核心素养
在模型设计和制作过程中，要关注形状、尺度、比例和数量等，帮助学生形成"结构与功能""尺度、比例和数量"等跨学科概念	生物学 数学 劳动	生命观念 数学建模 劳动能力

（二）教学准备

1.教师准备

模型制作视频，相关演示图片，以及教学课件。

2.学生准备

制作模型所需的材料，如塑料瓶、吸管、小气球、剪刀等。

（三）教学重难点

1.教学重点

肺的通气模型的制作。

2.教学难点

结合模型，理解肺的通气过程。

（四）教学过程

教学环节	教师活动	学生活动	教学意图
复习巩固，导入新课	通过学习，我们知道了外界空气经过呼吸道的处理进入肺，呼吸道的作用有哪些？ 设疑：肺与外界的气体交换究竟是怎样发生的呢？肺与外界的气体交换其实就是"肺的通气"。那么，"肺的通气"是怎样实现的呢？"肺的通气"与呼吸运动有没有关系？有什么关系 这一节我们接着学习"肺的通气"	复习旧知 思考并回答	温故而知新，质疑并激趣

教学环节	教师活动	学生活动	教学意图
新课教学：肺与外界的气体交换	活动1：感知自己的呼吸运动。组织学生感受自己在吸气和呼气时胸廓的变化 设疑：呼吸运动中胸廓是否发生变化 讨论：在吸气和呼气时，你感受到胸廓容积发生了怎样的变化？ 想一想：呼吸运动时胸廓容积变化的原因	用双手轻触自己胸侧的肋骨处，和老师一起做深呼吸，感受自己在吸气和呼气时胸廓的变化 思考并回答：深吸气肋骨是向上向外运动，胸廓扩大；深呼气肋骨在向下向内运动，胸廓缩小	通过学生亲身体验做深呼吸的动作
	活动2：演示动画"呼吸运动"，分析呼吸运动的产生原因	观看视频。结合感知，对胸廓容积变化的原因作出假设：胸廓容积变化的原因是有关肌肉的收缩和舒张	自己在吸气和呼气时胸廓的变化，渗透结构与功能观
	活动3：演示"肺的通气"示范模型 思考：橡皮膜、两个气球、玻璃钟罩、玻璃管分别代表什么？手向下拉橡皮膜时，气体进入还是排出气球？橡皮膜回缩时，气体进入还是排出气球？是肺容积的扩大导致吸气，还是因为吸气后使肺的容积扩大 教师演示：用模型模拟膈的运动实验 	观察、思考、回答 结合教师演示图示，分析并归纳出肺与外界气体交换的原理和过程	通过自制模型的演示过程，感知胸廓的变化引起呼吸运动，进一步发展学生的科学思维，提高学生探究学习和思考问题的能力，渗透结构与功能观

教学环节	教师活动	学生活动	教学意图
	进一步设疑： 1.呼吸运动时，主要是哪些肌肉的收缩、舒张引起了胸廓容积的变化？在呼吸肌收缩和舒张时，胸廓容积发生了怎样的变化 2.随着胸廓容积的变化，肺的容积发生了怎样的变化 引导学生作出假设：肺容积的变化导致了气体的吸入和呼出 思考：为什么胸廓容积变化就能引起吸气或呼气？体积的变化是否引起了肺内气压和外界大气压产生了压力差？气体的体积与气体的压力为什么成反比？我们来做一个演示实验探究一下	分析肺的容积扩大→外界气体进入肺；肺的容积缩小→肺内气体排出作出假设：肺容积的变化导致了气体的吸入和呼出 明确在一定条件下，压缩气体体积，导致压力增大；气体体积增大，导致压力减小	通过实践，帮助学生初步形成严谨的科学态度 体现与物理学科融合
新课教学：肺与外界的气体交换	活动4：实验活动4开展推拉注射器活塞实验（实验验证释疑解惑） 1.将注射器的活塞拉出一部分，用手指堵住针孔，用力推有什么感觉？推不动时，松开手，观察活塞的运动方向。想一想，为什么会有这样的变化呢 2.将注射器的活塞拉出一部分，用手指堵住针孔，用力拉有什么感觉？拉不动时，松开手，观察活塞的运动方向？想一想，为什么会有这样的变化	小结：呼吸肌的收缩和舒张，使胸廓扩大和缩小，引起肺被动地扩张和回缩，形成肺内气压与大气压之间的压力差，使得气体能够进出肺泡	渗透物理大气压强相关知识，通过注射器小实验，帮助学生感悟大气压的存在，体验大气压的大小，渗透结构与功能观 让学生进行分析，发展学生的科学思维
	活动5：结合上述演示实验等，阅读教材，分析并填写表《肺与外界气体交换的原理和过程》	填写表格	与物理学科融合
	活动6：指导学生设计并制作"肺的通气模型"	设计方案，准备制作模型所需的材料用具	动手实践，体现与劳动、物理学科的融合

教学环节	教师活动	学生活动	教学意图
评价与练习	将"肺的通气模型"作品照片上传至班级群，出示评价量规，指导评价	展示并操作模型，完成上传及评价	使学生及时回顾活动中的收获，肯定自己，激发兴趣
布置作业	布置综合性作业，要求学生完善方案和作品，拍照保存	完成综合性作业	体现实践性、跨学科性

（五）课后反思

通过本课程学习，学生能够了解肺、胸廓、膈肌、胸腔的结构与功能，制作肺的通气模型，并掌握肺与外界气体进行气体交换的过程。本课程设置了多种多样的主动学习情境，将跨学科概念与学生的生活实际相联系，发挥了学生的主体性和主动性。通过本课程的学习，学生认识到生物学知识与我们的生活息息相关，在分析实验的过程中，培养了学生科学严谨的态度，并能够运用所学解决实际生活中的问题，渗透科学健康的生活理念。

三、实操案例

（一）活动内容

2022年3月，安徽省教科研项目《IDE视角下初中理科实践活动的开发和利用》实践活动——制作"肺的通气模型"在马鞍山市成功学校七年级顺利开展。由于受疫情影响，本次活动通过直播授课形式开展，并发布相关视频演示，布置活动的要求。学生利用家中现有的材料，如塑料瓶、吸管、气球、橡皮膜等材料进行模型制作，然后将作品以图片和视频的形式上传给教师，如图2所示。在直播授课过程中，学生结合自制的模型理解新知，将书本上的知识点生动化和形象化，为后面的进一步学习奠定了很好的理论基础。实践指导教师为马鞍山市成功学校苏吉霞。

图2 学生自制模型

（二）活动反思

呼吸运动，每时每刻都在发生。学生在制作肺呼吸模型的实践活动中，收获了对所学知识的理解，锻炼了实践动手的能力，感受了生物学科的魅力，探寻了人类生命的奥秘。这样的教育才是有温度的教育，也是我们一直探寻的教育！

第九篇　细胞呼吸的奥秘

基本概况

　　绿色植物的呼吸作用是初中生物学教学的重点内容。为了帮助学生深入理解呼吸作用相关知识，教师可以围绕萌发种子的呼吸作用进行实践活动，使用数字化设备采集实验数据，测量萌发种子呼吸作用释放的热量、消耗氧气的量、产生二氧化碳的量。本篇聚焦"萌发种子的呼吸作用会释放热量、消耗氧气、产生二氧化碳吗"这一问题，综合利用生物学、化学、物理、数学和信息科技知识，探究萌发种子的呼吸作用。

　　本篇的跨学科实践活动能够帮助学生深度理解绿色植物的呼吸作用，提高学生的信息采集与处理能力、思维能力、创新能力、自主学习与合作学习的能力以及语言表达能力等。本篇的跨学科实践活动融合了生物学、化学、物理和数学等多学科知识，渗透一定的生命观念、化学观念、物理观念和信息意识，可以培养学生的科学思维、探究实践能力、数据分析能力，能有效提升学生的核心素养。

　　在本篇的跨学科实践活动中，教师需要指导学生完成一系列实践活动任务。任务一，学会使用数字化设备和电脑采集数据并制作图表的方法（信息科技）；任务二，使用温度传感器，分析装有萌发种子的暖水瓶内温度变化的曲线（生物学、化学、数学、信息科技）；任务三，用氧气和二氧化碳传感器测量装有萌发种子的抽滤瓶中氧气和二氧化碳的含量（生物学、化学、数学、信息科技）；任务四，观察装有萌发种子的抽滤瓶的内壁上的小水珠（生物学、化学、物理）；任务五，讨论并归纳呼吸作用的概念（生物学、化学）等。这些跨学科实践活动对学生的跨学科思维、探究实践、语言运用、信息意识、数字化学习与创新、数据分析等核心素养的培育至关重要。

依据新课标课程内容中的"植物的生活""生物学与社会·跨学科实践"学习主题，结合初中生物学教学进度，本篇跨学科实践活动可以在七年级第二学期开展，课时安排1课时。

生本课程

有人认为绿色植物通过光合作用吸收二氧化碳，释放氧气，能够更新居室的空气，于是在卧室里摆放了多盆绿色植物。你认为这种做法科学吗？为什么？绿色植物的呼吸作用是怎样进行的呢？下面我们就一起通过实验探究一下萌发种子的呼吸作用。

一、任务挑战

本篇任务挑战包括学会使用数字化设备和电脑采集数据、制作图表的方法；使用温度传感器测量并记录装有萌发种子的保温瓶内温度变化的曲线图；使用氧气和二氧化碳传感器测量装有萌发种子的抽滤瓶中氧气和二氧化碳的含量；观察装有萌发种子抽滤瓶的内壁上的小水珠；讨论并归纳呼吸作用的概念。

二、活动准备

1.材料用具

氧气传感器、二氧化碳传感器、温度传感器、数据采集器、数据线、电脑、萌发的黄豆种子、保温瓶、软木塞、抽滤瓶、橡皮管、夹子等。

2.活动分组

6～7人一组，并选出小组长。

3.活动培训

小组长提前学习数字化设备的使用方法和电脑采集数据、制作图表的方法。

测量并记录装有萌发种子抽滤瓶中氧气和二氧化碳的初始含量。

三、活动过程

1.演示实验

教师演示"萌发的种子进行呼吸作用能释放热量"的实验，并分析装有萌发种子的保温瓶内温度变化的曲线，但需要注意可能影响实验结果的因素，包括室内的环境温度、保温瓶的保温效果、密封效果等。

实验结果是装有萌发种子的保温瓶内温度升高，说明萌发种子进行了呼吸作用并能释放热量。

2.学生分组实验

学生进行萌发的种子进行呼吸作用会消耗氧气，产生二氧化碳实验。实验前测得初始含量：瓶内氧气含量为_____％，二氧化碳含量为_____ppm（百万分之一）；实验中测得最终含量：瓶内氧气含量为_____％，二氧化碳含量为_____ppm。分析实验结果：经过一天时间，装有萌发的种子的抽滤瓶中氧气含量_____（增多/减少），二氧化碳含量_____（增多/减少）。得出结论：萌发种子进行呼吸作用，消耗氧气，产生二氧化碳。

3.观察萌发的种子进行呼吸作用能产生水

观察抽滤瓶的内壁，得出萌发的种子进行呼吸作用能产生水。

4.归纳呼吸作用的概念

讨论以下问题：呼吸作用的原料之一是什么？呼吸作用的产物是什么？发生呼吸作用的能量转换器是哪一个？呼吸作用的原料还有什么？呼吸作用的实质是什么？有学生认为植物在白天进行光合作用而没有呼吸作用，到夜晚才进行呼吸，这种观点对吗？植物的所有器官都能进行呼吸作用吗？

呼吸作用的概念：细胞利用氧气，将有机物分解成二氧化碳和水，并将储存在有机物中的能量释放出来，供给生命活动的需要，这个过程叫做呼吸作用。

四、综合性练习与答案

1.综合性练习

（1）呼吸作用进行的主要场所是（　　）。

A.细胞质中的叶绿体　　　B.细胞质中的线粒体

C.细胞壁和叶绿体　　　　D.细胞核中的线粒体

（2）下列对植物体呼吸作用的描述，错误的是（　　）。

A.任何细胞都能进行呼吸作用

B.是一个吸收氧气放出二氧化碳的过程

C.实质是分解有机物，释放能量

D.在有光无光条件下都能进行

（3）填写呼吸作用的反应式：

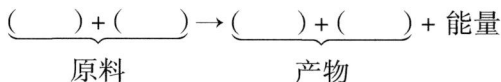

<u>（　　）</u>+<u>（　　）</u>→<u>（　　）</u>+<u>（　　）</u>+能量

　　　原料　　　　　　产物

（4）拓展实验：使用数字化信息设备进一步探究绿色植物其他器官的呼吸作用。

2.参考答案

（1）B　　（2）A　　（3）有机物　氧气　二氧化碳　水（4）略

五、评价与反思

参照表1，对你本次活动进行评价与反思。

表1　跨学科实践活动评价与反思表

	评价项目	核心素养	评价等级			
			A	B	C	D
1	设计与参与探究实验的过程	科学探究	积极	较积极	一般	少
2	能根据实验现象和结果，分析并得出正确结论	科学思维 生命观念	全部	大部分	部分	不能

评价项目		核心素养	评价等级			
			A	B	C	D
3	对本节知识的兴趣以及体验到学习成功的愉悦	态度责任	多	较多	一般	少
4	能说出呼吸作用的原料、产物、场所等	生命观念科学思维	全部	大部分	部分	全错
5	能描述呼吸作用的概念和实质	生命观念科学思维	准确	较准确	不准确	不知道
6	本节课举手发言的次数和小组交流合作的情况	态度责任	多	较多	一般	少
7	课堂练习题和课后作业完成情况	态度责任	全对	大部分对	小部分对	全错
反思：你有什么成功经验可以与同学们分享？还有什么不足之处需要改进？						
签名：　　　　　　年　　　月　　　日						

注：在对应等级打√。

教学参考

教材中用三个演示实验，帮助我们认识呼吸作用的过程，但是传统的演示实验需要相关的化学知识做铺垫。因为我们缺乏相关化学知识，所以理解起来会比较困难。如果使用数字化设备来采集实验数据，直接测出瓶内萌发的种子进行呼吸作用时氧气、二氧化碳和温度的变化，实验现象直观明了，思考后就能直接得出实验结论。

学生初步学会运用数字化设备采集数据信息，通过数字化实验探究，并利用实验的结果去描述呼吸作用的过程以及概念，培养了学生信息采集和处理能力，提高了学生进行实验探究的兴趣，有利于学生创造性思维的发展。

一、教学方案

（一）提出问题

为什么装有萌发种子的保温瓶内温度会升高？（生物学、化学、数学）

装有萌发种子的抽滤瓶中氧气和二氧化碳的含量会产生什么样的变化？（生物学、化学、数学）

装有萌发种子的抽滤瓶的内壁上为什么会有小水珠？（生物学、化学、物理）

（二）教学计划

学会使用数字化设备和电脑采集数据、制作图表的方法；使用温度传感器测量并记录装有萌发种子的保温瓶内温度变化；使用氧气和二氧化碳传感器测量装有萌发种子的抽滤瓶中氧气和二氧化碳的含量；观察装有萌发种子的抽滤瓶的内壁上的小水珠；讨论并归纳呼吸作用的概念。

（三）教学思路

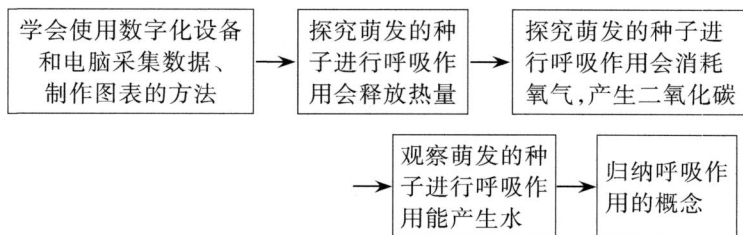

二、教学设计

（一）跨学科实践教学目标

教学目标	涉及学科	核心素养
初步学会运用数字化设备采集数据信息，制作实验图表，分析数据，得出结论，并利用实验的结果去描述呼吸作用的过程以及概念	生物学 信息科技 数学 化学 物理	生命观念、科学思维、探究实践 信息意识、数字化学习与创新 数据分析 化学观念 物理观念
关注呼吸作用在生产和生活上的应用	生物学	态度责任
说出呼吸作用是生物的共同特征	生物学	生命观念
通过小组合作与展示交流，提升学生的核心素养	语文	语言运用，思维能力

（二）教学准备

1.教师准备

多媒体课件；数字化实验用具（氧气传感器、二氧化碳传感器、温度传感器、数据采集器、数据线、电脑等）；实验材料用具（萌发的黄豆种子、暖水瓶、软木塞、抽滤瓶、橡皮管、夹子等）；提前培训小组长，教会他们使用数字化设备和电脑采集数据的方法；培养萌发的种子。

2.学生准备

分组并选出小组长，小组长提前学习使用数字化设备和电脑采集数据的方法。

（三）教学重难点

1.教学重点

通过数字化实验探究，并利用实验的结果去描述呼吸作用的过程以及概念。

2.教学难点

运用数字化设备采集数据信息。

（四）教学过程

教学环节	教师活动	学生活动	教学意图
准备	1.制作多媒体课件 2.准备数字化设备和实验材料用具 3.提前培训小组长，教会他们使用数字化设备和电脑采集数据、制作图表的方法 4.培养萌发的种子	1.分组并选出小组长 2.小组长提前学习使用数字化设备和电脑采集数据、制作图表的方法 3.测量并记录装有萌发种子抽滤瓶中氧气和二氧化碳的初始含量	提前学会使用数字化设备进行实验探究的方法，保证课堂实验能正常开展
导入	设置情景并提问：有人认为绿色植物通过光合作用吸收二氧化碳，释放氧气，能够更新居室的空气，于是在卧室里摆放了多盆绿色植物。你认为这种做法科学吗	思考后回答：不科学。植物夜间不能进行光合作用，反而会消耗室内氧气，对人体不利	创设问题情境，引发学生兴趣，引起思考。利用夜间植物无法通过光合作用、释放氧气吸收二氧化碳的原理，解释植物夜间不能放在室内，帮助学生增强健康意识

教学环节	教师活动	学生活动	教学意图
新课：呼吸作用的过程	活动1：演示探究萌发的种子进行呼吸作用会释放热量实验 使用温度传感器测量并记录装有萌发种子的保温瓶内温度变化的曲线图 引导学生分析图形数据，得出结论	分析温度变化曲线图的图形数据，得出结论：萌发的种子进行呼吸作用能释放热量 在小组长的带领下，学生分组进行实验，使用氧气和二氧化碳传感器测量一昼夜后装有萌发种子的抽滤瓶中氧气和二氧化碳的最终含量 各小组填写实验报告，上传实验结果	开展跨学科实践活动，利用数字化设备进行探究实验，可以提高学生的学习兴趣，培养学生的创新实验能力，锻炼学生的动手操作能力
	活动2：学生实验——探究萌发的种子进行呼吸作用会消耗氧气，产生二氧化碳 巡视并指导各小组的实验过程。遇到特殊情况及时处理。收集各小组上传的实验结果。引导学生对比数据，分析后得出结论	对比前一天测出的初始含量数据，分析后得出结论：萌发的种子进行呼吸作用，会消耗氧气，产生二氧化碳	引导学生利用数学模型，分析实验数据和图像，得出结论，在此过程中培养学生分析问题的能力，以及根据实验结果得出结论的科学探究能力，从而渗透科学思维和科学探究的核心素养的培养，同时有利于帮助学生形成物质观、能量观等生命观念。通过思考、表达、实践，帮助学生初步形成严谨的科学态度

教学环节	教师活动	学生活动	教学意图
	活动3：观察萌发的种子进行呼吸作用能产生水 请学生观察装有萌发种子的抽滤瓶的内壁，你会发现内壁上有什么？瓶内的小水珠是由于瓶内水分蒸发形成的吗？观察只装有水的抽滤瓶的内壁，你有什么发现？由此可以得出什么结论	观察装有萌发种子的抽滤瓶的内壁，会发现内壁上有许多小水珠。只装有水的抽滤瓶内壁没有小水珠。得出结论：萌发的种子进行呼吸作用能产生水	通过对比分析，了解到萌发的种子进行呼吸作用产生水，通过物理变化，凝结在瓶内壁上形成小水珠。渗透物质与能量观
新课：呼吸作用的过程	活动4：归纳呼吸作用的概念 以问题串引导学生说出呼吸作用的原料、产物、场所等，归纳呼吸作用的概念和实质 问题： （1）呼吸作用的原料之一是什么？ （2）呼吸作用的产物是什么？ （3）发生呼吸作用的能量转换器是哪一个？ （4）呼吸作用的原料还有什么？ （5）呼吸作用的实质是什么？ （6）有同学认为植物在白天进行光合作用而没有呼吸作用，到夜晚才进行呼吸，这种观点对吗？为什么？ （7）植物的所有器官都能进行呼吸作用吗？ 描述呼吸作用的概念：细胞利用氧气，将有机物分解成二氧化碳和水，并将储存在有机物中的能量释放出来，供给生命活动的需要，这个过程叫做呼吸作用	思考后回答： （1）氧气 （2）二氧化碳和水 （3）线粒体 （4）有机物 （5）有机物分解，释放能量 （6）不对。植物在白天黑夜都进行呼吸作用 （7）呼吸作用是在所有的活细胞内进行的	培养学生的观察能力和根据实验现象分析后得出结论的科学探究能力。让学生进行比较、分析，发展学生的科学思维。通过思考、表达，帮助学生初步形成严谨的科学态度 总结呼吸作用的过程，渗透物质与能量观。让学生进行归纳，发展学生的科学思维

教学环节	教师活动	学生活动	教学意图
巩固小结	引导学生小结本节课所学内容	在教师的引导下回顾本节课的知识点	培养学生的归纳能力和语言表达能力
评价与练习	出示评价量规,指导评价	完成自评与互评	使学生及时回顾活动中的收获,肯定自己,激发兴趣
布置作业	布置综合性作业:练习题,拓展实验	完成综合性作业	体现实践性、跨学科性

（五）课后反思

使用数字化设备进行绿色植物呼吸作用的探究实验,将传统的演示实验改为学生分组探究实验,有利于培养学生的信息处理能力和创造性思维,提高学生实验参与度,提升进行实验探究的兴趣。数字传感器很灵敏,易损坏,在进行实验前一定要确保设备可以正常使用,才能确保测得的数据真实准确。根据人教版老教材教学安排,本节内容授课时间是在12月底,气温较低,不利于种子的萌发,给实验的准备工作增加了困难,同时低温会影响种子的呼吸作用,影响实验效果。人教版新教材将本课内容调整到4~5月中旬进行授课,会更加方便,实验效果也会更好。

三、实操案例

（一）活动内容

2021年11月,马鞍山市外国语学校杨冰老师开展了跨学科实践活动"细胞呼吸的奥秘——探究萌发种子的呼吸作用"。本活动在马鞍山市外国语学校七年级开展，共6个班，各班级人数40左右，课时安排1课时。结合人教版七年级生物学教材，对原教材中三个演示实验进行改编，使用数字化设备采集实验数据，测量萌发种子的呼吸作用释放热量、消耗氧气、产生二氧化碳。实验现象直观明了，学生思考后能直接得出实验结论，不受没有学习过化学知识的限制，且有利于激发学生的好奇心和学习兴趣。因学生从未接触过数字化测量设备，且很多学生平时很少接触电脑，在设备的组装、操作方面有欠缺，所以杨冰老师在班级内提前选出小组长并对其进行设备操作培训。课堂上，在小组长的带领下，学生分组进行实验，使用氧气和二氧化碳传感器测量一昼夜后装有萌发种子的抽滤瓶中氧气和二氧化碳的最终含量，简要过程如图1所示。

a.学生课堂测量采集数据　　　b.呼吸作用能产生水的对照实验

图1　探究萌发种子的呼吸作用

通过本次活动，学生初步学会运用数字化设备采集数据信息，通过数字化实验探究，并利用实验的结果去描述呼吸作用的过程以及概念，培养了学生信息采集和处理能力，提高学生进行实验探究的兴趣，有利于学生创造性思维的发展。

（二）活动反思

目前，用于检测二氧化碳和氧气的传感装置种类繁多。如果仅仅是采集即时实验数据，建议使用手持式数据采集器；如果希望能持续实时监测氧气和二氧化碳的浓度变化，建议使用连接电脑记录图像的数据采集器。数据采集器是很灵敏的电子设备，极容易损坏，在实验前一定要注意检查，确定是否可以正常使用，以避免实验数据异常，影响实验结果。由于学生很少接触数字化测量设备，在设备的组装、操作等方面有所欠缺，因此教师需要提前选出小组长并对其进行相关培训。

　　绿色植物的呼吸作用，可发生在植株所有的活细胞，即各个活器官中都可以进行。因此，我们可以将实验拓展，用以监测植物不同器官呼吸作用的强弱，帮助学生进一步理解生命活动越旺盛的部分，呼吸作用越强。

第十篇 制作叶画

基本概况

叶是植物进行各项生命活动的重要器官。以树叶为书画艺术的载体创作的画，在我国有着悠久的历史。随着发展，叶画的形式更加多样，而且制作难度不高，适合中小学生参与和体验。结合初中生物学科知识，教师可以通过美术、信息科技、化学、语文、历史等学科的融合引导学生进行制作叶画的实践活动。通过本篇的跨学科实践活动，使学生进一步了解"叶"这一植物器官，感受大自然的美与乐趣，培养学生对自然界的探索和发现意识，激发学生的创造能力，锻炼学生的动手能力。本篇的跨学科实践活动渗透一定的生命观念、化学观念等，可培养学生的科学思维、探究实践能力及劳动能力，有效提升学生的核心素养。

本篇将开展下列探究性或实践性任务。任务一，通过网络查阅历史上关于叶画的记载（历史、信息科技、生物学）；任务二，采集并整理各种各样的叶片，构思并制作叶画（生物学、劳动、美术）；任务三，收集并说出与叶相关的名句佳作（生物学、语文、美术）；任务四，实验探究叶片由绿变黄的原因（生物学、化学、物理）。

依据新课标课程内容中的"植物的生活""生物学与社会·跨学科实践"学习主题，结合初中生物学教学进度，本篇的跨学科实践活动可以在七年级第二学期开展，建议安排2课时。

生本课程

叶是植物的器官之一，植物通过叶片每天进行着各种各样的生命活动。不同季节不同地区生长着千姿百态的叶，它们形状各异，颜色万千，不仅保证了植物自身正常生命活动的进行，也为大自然增添了生机与活力。

你是否留意过小小的树叶？为什么到了秋天很多树叶由绿变黄？树叶的形态各异，五彩缤纷，古代就有拿树叶作画的历史。如果让你用叶片创作书画艺术作品，你会怎么设计？

我们一起动手，利用自然界的馈赠制作出心仪的叶画作品吧。

一、任务挑战

搜集有关叶画的知识以及古代文学中与叶有关的名句佳作。通过小组合作构思并制作叶画。从物理、化学、生物学角度尝试解释为什么叶到了秋天会由绿色转变为黄色。

二、活动准备

1.材料用具

各种各样的叶片、牙刷、水彩涂料、毛笔、吸水纸、清水、玻璃板、绘图纸、剪刀、胶水、肥皂等。

2.使用方法

采集叶片后要对叶片进行分类和压制，以便制作的叶画更加平整美观；每组根据自己需要选取相应的叶画制作用具。

3.分组分工

1～2人为一小组，构思并创作叶画。

4.注意事项

此实验需要学生利用课外时间搜集和整理叶片，有的制作时间会比较长，因此需注意材料和作品的保存与管理。

三、活动过程

（一）学习有关叶画的知识

叶画被人们誉为"绿色艺术""中国首创、世界一绝"。叶画有两种派别：一种是以叶为"纸"，于叶面运用颜料绘制而成；另一种以叶为形为色，剪贴而成。两种形式各具韵味。

（二）制作叶画

（1）目的要求：学习制作叶画的方法，构思并制作叶画作品，体验生物学科与其他学科交织的美。

（2）方法步骤：以小组为单位，整理收集叶片，构思并设计好叶画；制作叶画，可根据自己的选择制作拓叶画、树叶画、叶脉画等；展示评比。

（三）探究叶片由绿变黄的原因

植物的叶片之所以多数是绿色，是因为绿色植物叶肉细胞内的叶绿体数量多，叶绿素的含量高，类胡萝卜素的颜色被叶绿素的颜色所遮盖。叶绿素吸收大量的红光和蓝紫光，而绿光则很少被吸收，绿光反射进入眼睛，所以叶片呈现绿色。到了秋天，叶绿素被分解，含量减少，类胡萝卜素的橙黄色便显现出来，于是叶色变黄。

提出问题：叶片由绿变黄是因为叶绿素被分解了吗？

作出假设：叶片由绿变黄是因为叶绿素被分解

制订实验计划：叶绿素易溶解在有机溶剂中，可利用有机溶剂去除叶绿素，与正常叶片进行对照，观察叶片颜色的变化。

材料用具：叶片若干，酒精，铁架台，酒精灯，烧杯。

方法步骤：以小组为单位进行实验。将一半的叶片放入酒精中隔水加热5～10分钟，将另一半叶片放在清水中加热5～10分钟。加热后，将两组叶片用清水冲洗干净，比较颜色。

实施计划：按照上述实验方案做实验。在使用酒精灯时要注意安全。

得出结论：叶片由绿变黄是因为叶绿素被分解。

表达和交流。

（四）分享制作的"叶画"作品

分享你的"叶画"作品解说视频并上传至班级群，供大家学习与评价。

四、综合性作业与答案

1.综合性作业

关于制作叶画，你有什么新的启发和创作？快和小伙伴们利用课外时间再制作一幅吧。

2.参考答案

略

五、评价与反思

参照表1及表2，分别对你的物化作品和本次活动进行评价与反思。

表1　跨学科实践活动物化作品——"叶画"的评价量规

维度	示范级	合格级	需改进级
创造性	选择多种形状和颜色的树叶构成图画，构图有创意	选择1~2种形状和颜色的树叶构成图画，构图创意一般	选择1~2种形状和颜色的树叶构成图画，构图无创意
美观性	画面美观，极具观赏性	画面不够美观、观赏性一般	画面不美观
文学性	诗与画结合，意境相通，完美融合	诗与画结合，意境不相通	诗与画未结合
自评			
他评			
终评			

注：在对应等级打√。

表2 跨学科实践活动评价与反思表

评价指标	评价标准	评价等级 （填：优秀、一般、合格）
参与程度	小组成员有明确的职责，能发挥自己的作用	
合作交流	积极参加小组讨论，并提出自己的观点	
创新意识	活动有创新意识，并能在成果中实现	
反思：你认为此活动中最有意思或最感兴趣的步骤或细节是什么？ 签名： 年 月 日		

教学参考

情景1：四季更迭，植物生长衰老，各种各样的叶片点缀了环境。

情景2：学生对绘画的热情很高，用绘画作品表达对世界的认识和热爱。

那么，叶作为植物的一种器官，它隐藏着怎样的奥秘？通过"观察思考"与"制作叶画"一探究竟。

通过本次实践活动了解叶画的历史，在采集叶片过程中进一步认识叶，体会叶的自然美和文学韵味，强调保护树木的重要性，增强热爱自然、保护环境的情感态度。

一、教学方案

（一）提出问题

通过网络查阅历史上关于叶画的记载，你能举出哪些例子？（历史、

信息科技、生物学）

如何制作叶画？（生物学、劳动、美术）

我国古代文学中有很多与叶相关的名句佳作，你能说出来吗？试着把诗句融合进你的叶画制作中。（生物学、语文、美术）

为什么树叶多数是绿色？秋天又变黄？（生物学、物理、化学）

（二）教学计划

课前查阅资料了解有关叶画的知识，采集各种形状的叶片若干；课中构思叶画，制作叶画；课后展示交流叶画。

（三）教学思路

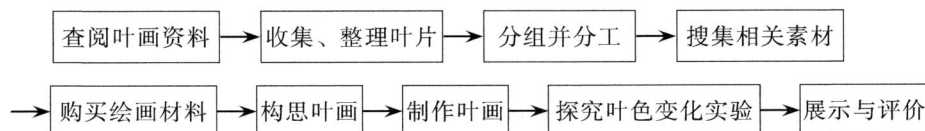

二、教学设计

（一）跨学科实践教学目标

教学目标	涉及学科	核心素养
通过网络查阅关于叶画的知识、与叶有关的名句佳作	语文 历史 信息科技	文化自信、语言运用 史料实证 信息意识
利用化学原理探究叶片由绿变黄的原因	生物学 化学	生命观念、科学思维、探究实践 化学观念
利用美术学科相关知识与绘画方法制作美丽的叶画	生物学 劳动 美术	态度责任、探究实践 劳动能力 美术表现、创意实践

（二）教学准备

1. 教师准备

（1）制作叶画材料用具，如牙刷、水彩涂料、毛笔、吸水纸、清水、玻璃板、绘图纸、剪刀、胶水等。

（2）探究叶片变黄实验的材料用具：烧杯、酒精、铁架台、绿叶、镊子、酒精灯，清水等。

（3）提前分组，确定组长。

2. 学生准备

采集和整理各种各样的叶片。

（三）教学重难点

1. 教学重点

构思并创作叶画，设计并开展探究实验。

2. 教学难点

因本活动需要联合信息科技老师、美术老师、化学老师等多方的力量，所以要做好统筹安排。学会利用跨学科（生物学、化学、美术、历史、信息科技）知识设计对照实验，构思并制作出心仪的叶画作品。

（四）教学过程

教学环节	教师活动	学生活动	教学意图
导入	我们学习了生物圈中的绿色植物，你是否留意过小小的树叶，为什么到了秋天很多树叶由绿变黄？树叶的形态各异，五彩缤纷，古代就有拿树叶作画的历史，今天让我们制作出属于自己的叶画作品。同时，展示各种各样树叶的图片	观察图片，边听边思，进入主题	利用情景引发学生思考，激发兴趣，同时引出本次活动的主题

教学环节	教师活动	学生活动	教学意图
查阅有关叶画资料	布置任务，利用网络查阅有关叶画的资料	查阅有关叶画的相关资料，在班级交流并讨论	了解叶画的历史，与文学的联系，为后期制作叶画奠定基础
构思并制作叶画	引导学生以小组为单位构思并制作叶画	根据课前准备，小组合作共同制作叶画，交流与展示	开展跨学科实践活动，通过制作叶画感受自然之美，体会生物学与语文、美术、信息科技、劳动等学科的融合，培养学生的探究和实践能力
探究秋天叶片由绿变黄的原因	展示学生收集的不同颜色叶片，引导学生思考：为什么植物叶片会有不同的颜色？很多植物的叶片到秋天为什么会由绿变黄 引导学生利用探究实验验证猜想 补充实验原理：叶绿素易溶解在有机溶剂中，可利用有机溶剂去除叶绿素，如酒精等 教师巡视指导，提醒学生操作过程中注意安全	观察思考，猜想叶片呈现绿色与叶绿素有关，进行实验并得出结论植物的叶片之所以多数是绿色，是因为绿色植物叶肉细胞内的叶绿体数量多，叶绿素的含量高，类胡萝卜素的颜色被叶绿素的颜色所遮盖。叶绿素吸收大量的红光和蓝紫光，而绿光则很少被吸收，绿光反射进入眼睛，所以叶片呈现绿色。到了秋天，叶绿素被分解，含量减少，类胡萝卜素的橙黄色便显现出来，于是叶色变黄	融合化学知识和思维点，开展跨学科实践活动，通过实验验证猜想，进一步提升探究实践能力和科学思维。渗透进化与适应观。通过实践，帮助学生初步形成严谨的科学态度

教学环节	教师活动	学生活动	教学意图
展示与评价	将叶画作品照片及解说视频分享至班级群，也可通过其他信息技术手段对学生的作品进行展示。出示评价量表，指导评价打分	进行展示和交流	及时回顾活动中的收获，肯定自己，激发兴趣
布置作业	布置综合性作业，完善作品，拍照保存	完成综合性作业	体现实践性、跨学科性

（五）课后反思

本活动的主题虽然涉及的学科比较多，但是制作难度不高，所以作为初中生跨学科综合实践非常合适。活动从前期准备到开展再到后期评比时间跨度较长，教师应根据本校学生的实际情况，选取合适的时机，如在美术课、生物课或利用假期和课余时间按照计划完成活动。

搜集与叶有关的名言佳句，可以结合语文教师的指导，开展一次名言佳句的赏析。

探究叶片由绿变黄的实验要在教师指导下进行，特别是对酒精灯的使用，要考虑到安全因素。

制作叶画前对于叶片的采集和粗选，应采集带有叶柄的叶子，还要注意采集各种形状和颜色的叶，每种叶多采一些，同一种植物叶也要多采集一些，不要采集大叶片（防止用时不好剪），更不要采集腐烂、破损、有虫卵的叶片。采集后的叶要进行整理和压制，即把采集的叶，放在书本里，用书压平。压制的目的，是使叶片变得既干燥又平整，也就是给叶片定形。构图是制作叶画关键的一步。叶画的内容非常广泛，但要注意构图的合理、巧妙和新颖。制作过程中将叶片固定时，注意要用乳胶或双面胶，避免用胶水和浆糊，因为乳胶不仅干得快，粘得牢，而且能保持叶面的干爽和整洁。如果要长期保存叶画，可在上面加一层玻璃纸或塑料薄膜。

三、实操案例

2022年5月，马鞍山市第一中学的吴雪梅、周乐乐老师联合本校信息科技老师、美术老师共同开展了制作叶画的跨学科实践活动。该活动在教师有序组织和带领下顺利开展，对学生进行了跨学科思维的培养，增强了学生学习生物学的兴趣，如图1所示。

图1　教师指导学生制作叶画

本次活动主要分三部分进行。首先，进行课前准备。教师引导学生利用计算机搜索技术查阅叶画的相关知识、与叶有关的名言佳句，利用假期收集和整理各种颜色和形状的叶片。教师准备好相关的材料和用具，如素描纸、颜料、剪刀、双面胶等。其后，课中探究和制作过程。一般两人一组合作，先利用化学知识和原理探究"为什么有的叶片到秋天会由绿变黄"，接着学生用收集和整理好的叶片制作叶画，教师巡视指导。

学生作品完成后进入展示与交流环节。每个小组代表介绍自己的作品，上传班级群，师生进行评价和打分，如图2所示。

图2 学生的叶画作品

第十一篇 人的性别遗传

基本概况

"人的性别遗传"是八年级生物学第一学期的重点教学内容之一。为了帮助学生深入理解性别决定和性别遗传相关知识，教师可以围绕人的性别遗传进行实践活动。本篇围绕"人的性别由什么决定"这一问题，综合利用生物学和信息科技知识，以 Excel 为工具，利用电脑软件模拟"精子和卵细胞随机结合"实验，解释人的性别遗传现象。由于学生此前已经学习了基因控制生物性状，基因在亲子代间的传递和基因的显性与隐性，因此本篇既是对之前遗传相关知识的延伸，也为后面学习生物的变异做铺垫，同时还为高中阶段学习遗传规律打下一个良好的基础，起到了承上启下的作用。

本篇的跨学科实践活动能够帮助学生深度理解人的性别遗传，形成"人的性别是由性染色体决定的，生男生女机会均等"概念，提高学生的观察能力、分析能力、推理能力、动手操作和小组合作能力以及语言表达能力。本篇的实践活动融合了生物学和信息科技等多学科知识，渗透一定的生命观念，培养了科学思维、探究实践、数字化学习与创新、语言运用能力等，能有效提升学生的核心素养。

本篇将开展下列探究性任务或实践性任务。任务一，观察整理后的男、女成对染色体排序图并比较男女染色体的差异（生物学）；任务二，在电脑上模拟精子与卵细胞随机结合并得出生男生女机会均等的结论（生物学、信息科技）；任务三，交流生男生女的问题（生物学）等。在进行这些问题的探究与实践过程中，教师需要引导学生观察染色体排序图、比较男女染色体的差异，并能用科学的态度看待生男生女的问题。这些跨学科实践活动对学生的跨学科思维、探究实践、语言运用及思维能力等核心素养的培养至关重要。

依据新课标课程内容中的"人体生理与健康""生物学与社会·跨学科实践"学习主题，结合初中生物学教学进度，本篇的跨学科实践活动可以在八年级第一学期开展，建议安排1课时。

生本课程

一位母亲能生出性别不同的"龙凤胎"。为什么这种双胞胎的性别不同？男女性别是由什么决定的？

一、任务挑战

观察男女染色体的差异，说明人的性别是由性染色体决定的。

在 Excel 表上操作，模拟"精子与卵细胞随机结合"实验，说明生男生女机会均等的原因。用科学的态度看待生男生女的问题。

二、活动准备

在电脑上模拟"精子和卵细胞随机结合"实验。

三、活动过程

（一）观察与思考

1.男女成对染色体排序
观察整理后的男女成对染色体排序图，如图1所示。

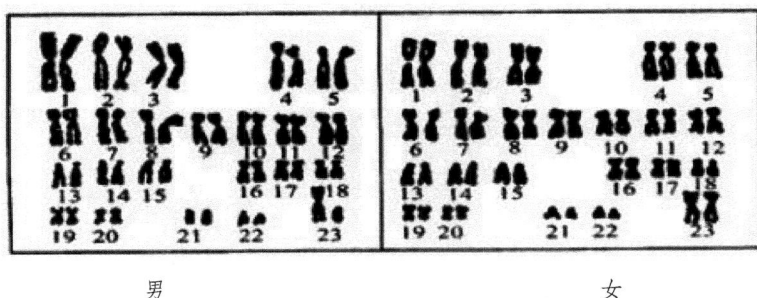

图1 男女成对染色体排序图

2.小组讨论

（1）说出男性染色体与女性染色体的不同。

（2）在男性和女性的各23对染色体中，第几对被称为性染色体？

（3）Y染色体与X染色体在形态上的主要区别是什么？

（4）男性的精子中有几条性染色体，女性的卵细胞中有几条性染色体？

（5）男性有几种精子，女性有几种卵细胞？

（6）观察图2，理解生男生女的生物学意义。

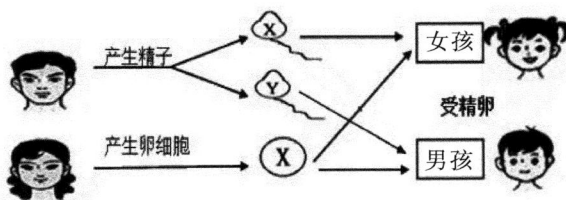

图2 生男生女的生物学图解

（7）有些人认为：生男还是生女，责任全在女性。你认为这种说法正确吗？为什么？

（二）在Excel表上模拟精子与卵细胞随机结合实验

1.上机操作

操作说明：在电脑中建立的表格"模拟精子和卵细胞随机结合"上进行操作，如图3所示：选中单元格A3、B3和C3，出现选择框（a），将鼠标指向在选择框的右下角，则会出现"+"号，沿着"+"号往下拖拉鼠标，拖到第9行表示进行了7次随机组合（b），则实验样本数为7，依次类推。

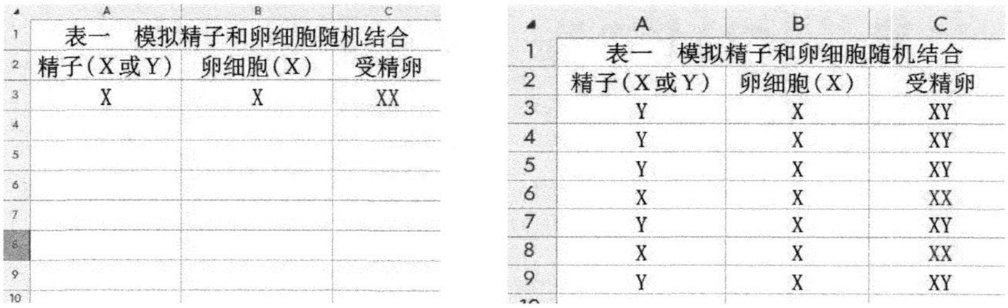

图3　模拟精子和卵细胞随机结合

2.实验记录

学生在上机操作完成后，将结果如实填写到实验记录表中，如表1所示。

表1　实验记录表

实验次数	样本数目	男女比例
1		
2		
3		
4		
5		
6		
7		
8		
9		
10		
……		

3.得出结论

生男生女机会均等。

4.小组讨论

从实验记录中选择以下3种记录：

我选择的（<10）个样本，男女比例为_____。

我选择的（10~100）个样本，男女比例为_____。

我选择的（>100）个样本，男女比例为_____。

讨论：在一个国家或地区的人口中，男女比例大致是1∶1，而在一个多子女家庭中，男女比例不是1∶1的情况也很多。请你利用本节所学知识对此作出合理解释。

四、综合性练习与答案

1.综合性练习

（1）如果精子提供的性染色体为X染色体，那么它与卵细胞相结合后，受精卵将会发育成（　　）

A.男孩　　　　　　B.女孩　　　　　　C.不能确定

（2）你在取少量样本操作时有出现全为XX（女）或全为XY（男）（如下图所示）的极端组合情况吗？运用所学知识尝试解释这些极端案例。

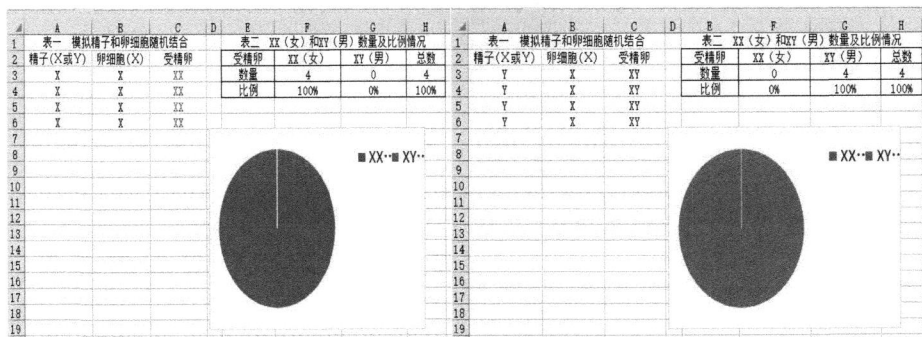

2.参考答案

（1）B　　（2）有可能。女性的性染色体组成为XX，男性的性染色体组成为XY。女性产生的卵细胞仅有一种性染色体，即X染色体，而男性产生的精子中会出现含一条X染色体或一条Y染色体的两种情况。当含

X染色体的卵细胞与含Y染色体的精子结合时，受精卵的性染色体组成为XY，将发育为男孩；当卵细胞与含X染色体的精子结合时，受精卵的性染色体组成为XX，将发育为女孩。受精时，哪种类型的精子与卵细胞的结合是随机的，一个母亲每生一个孩子，生男生女的机会各占50%。一个家庭有几个孩子，出现男女比例不是1∶1的情况是不奇怪的，全是男孩或全是女孩的可能性也是有的。（解释合理即可）

五、评价与反思

参照表2，对你本次活动进行评价与反思。

表2 跨学科实践活动评价与反思表

评价指标	评价标准	评价等级（填：优秀、一般、合格）
参与程度	小组成员有明确的职责，能发挥自己的作用	
合作交流	积极参加小组讨论，并提出自己的观点	
创新意识	活动有创新意识，并能在成果中实现	
反思：你认为此活动中最有意思或最感兴趣的步骤或细节是什么？		

签名： 年 月 日

教学参考

　　人的性别是由什么决定的？生男还是生女，责任全在女性吗？对于性别决定和性别遗传，学生可能有很多疑问。本节课我们将尝试利用Excel软件模拟"精子和卵细胞随机结合"实验，解释性别遗传现象。

　　通过"使用Excel模拟精子和卵细胞随机结合实验"活动，让学生通过自己的观察与思考，分析与讨论，获得结论，加深对"人的性别是由性染色体决定的，生男生女机会是均等的"这些重要概念的理解，同时增强动手操作和小组合作能力以及语言表达能力。

一、教学方案

（一）提出问题

男女染色体有什么差异？（生物学）

人的性别由什么决定？生男生女机会是否均等？（生物学、信息科技）

（二）教学计划

　　通过观察男女染色体的差异，说明人的性别是由性染色体决定的；通过精子与卵细胞随机结合的模拟实验，说明生男生女机会均等的原因；能用科学的态度看待生男生女的问题。

（三）教学思路

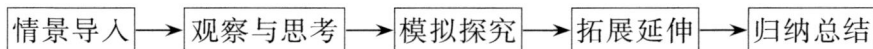

情景导入　→　观察与思考　→　模拟探究　→　拓展延伸　→　归纳总结

二、教学设计

(一) 跨学科实践教学目标

教学目标	涉及学科	核心素养
通过观察男女染色体的差异，说明人的性别是由性染色体决定的	生物学	生命观念、科学思维
通过模拟"精子和卵细胞随机结合"实验，说明生男生女机会均等的原因	生物学信息科技	生命观念、科学思维、探究实践数字化学习与创新
能用科学的态度看待生男生女的问题	生物学	态度责任
通过活动培养学生合作交流和语言表达能力	语文	语言运用、思维能力

(二) 教学准备

1.教师准备

多媒体课件，计算机、Excel软件（设计表格进行"模拟精子和卵细胞随机结合"实验）。

2.学生准备

预习课文，熟悉操作Excel软件。

(三) 教学重难点

1.教学重点

男女染色体的差异，生男生女机会均等的原因。

2.教学难点

生男生女机会均等的原因。

（四）教学过程

教学环节	教师活动	学生活动	教学意图
故事导入	课前展示一段采访视频，采访一些有孩子的家长以及怀二胎的孕妇，他们对于孩子的性别是否有所期待 衔接：其实宝宝的性别在他还是一个受精卵时就已经确定了，那么应该如何确定呢？	认真地看故事，说出自己看法	增加学习趣味性，提高学生的求知欲望
男、女染色体的差别	1.首先引导学生观察整理后的男女成对染色体排序图，找出不同，然后教师给出性染色体和常染色体两个名词，引导学生说出男女性染色体区别 2.播放视频详细讲解男女染色体之间的区别 3.师生共同总结人的体细胞中染色体的组成 4.进一步推出生殖细胞中染色体的组成，进而得出男女生殖细胞的种类 5.分析遗传图解，讨论"生男还是生女，责任全在女性"这种说法正确与否，为什么？	1.观察"整理后的男女成对染色体排序图"并找不同 2.学生认真观看视频 3.思考、讨论、总结人的体细胞与生殖细胞染色体的组成 4.填写出生男生女遗传图解	学生通过活动进行观察、对比、分析和推理，发展科学思维 在观察图片的基础上利用已有知识搭建知识平台 渗透结构与功能观 让学生能科学理解和正确对待生男生女的问题。通过实践，帮助学生增强端正的科学态度

教学环节	教师活动	学生活动	教学意图
生男生女的机会均等	1.生男生女的机会如何呢？是均等的吗？观看视频，详细解释了生男生女的机会是均等的 2.学生有了基本认识之后再通过实践加深对于知识的理解，从而引出模拟实验。指导学生完成计算机"模拟精子与卵细胞随机结合"实验，并依据实验结果得出结论，解决相关问题	1.观看视频 2.教师的指导下分组动手完成模拟实验并记录、汇报实验结果，得出结论，完成讨论	融合信息科技，开展跨学科实践活动，通过实验培养学生的探究实践能力、动手操作能力和小组合作能力，以及语言表达能力 得出生男生女机会相等的规律。让学生进行比较、归纳、分析，发展学生的科学思维
拓展延伸	1.出示历次全国人口普查统计结果。从数据中我们发现每次的人口普查结果男女比例都不是1:1。再通过视频出示第七次人口普查各省性别比例，尝试说出导致这一结果可能的原因 2.社会上对于新生儿的性别还保留着比较传统甚至封建的观点，通过观看视频，帮助学生树立正确的价值观	学生比较数据，观看视频，思考、讨论、分析、回答	对学生进行情感教育，帮助学生树立正确价值观，增强社会责任感
巩固小结	男女染色体的差别：性染色体，人的体细胞中染色体的组成，人的生殖细胞中的染色体的组成，生男生女的机会均等	学生总结所学知识	小结所学知识，加深学生记忆
布置作业	在Excel表格上操作，尝试取少量样本操作出现全为XX（女）或全为XY（男）的极端组合，运用所学尝试解释这些极端案例	完成综合性作业	体现与信息科技学科的融合

（五）课后反思

《人的性别遗传》一课，主要讲述了人的性别差异由性染色体决定的，并要求学生知道生男生女的道理，理解生男生女机会均等。性别是一种特殊的性状，生男生女的奥秘又是一个十分敏感而重要的生物学问题，八年级的学生对此有浓厚的兴趣。学生此前已经学习了人的生殖和发育以及生物的遗传知识，对本课内容的理解会有帮助，但学生没有学减数分裂等知识，所以有些内容不宜讲得过深。另外，通过这节课的学习，能让学生科学地理解和正确对待生男生女的问题。

三、实操案例

（一）活动内容

2022年5月，马鞍山市建中学校开展了一节市级研究课，课题为《人的性别遗传》。在课上，教师指导学生利用电脑软件模拟"精子和卵细胞随机结合"实验，解释人的性别遗传现象，如图4所示。

a.教师在计算机房指导学生　　　　　b.学生进行模拟实验

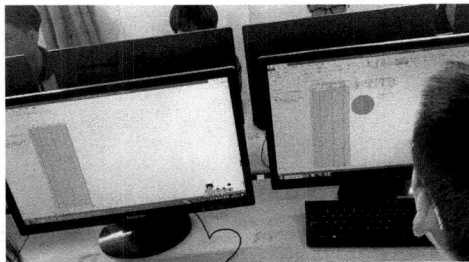

图4　电脑软件模拟"精子和卵细胞随机结合"实验

在Excel软件中，学生只需拖动鼠标，在Excel表一"模拟精子与卵细胞随机结合"上进行操作，选择一定数量（最大为1000个）的样本即可显示出精子与卵细胞的随机组合，同时Excel表中的数据会随之发生相应的变化，所呈现的饼状图或柱状图也随着发生相应的改变（如图5所示）。实践指导教师为马鞍山市建中学校赵贵娟。

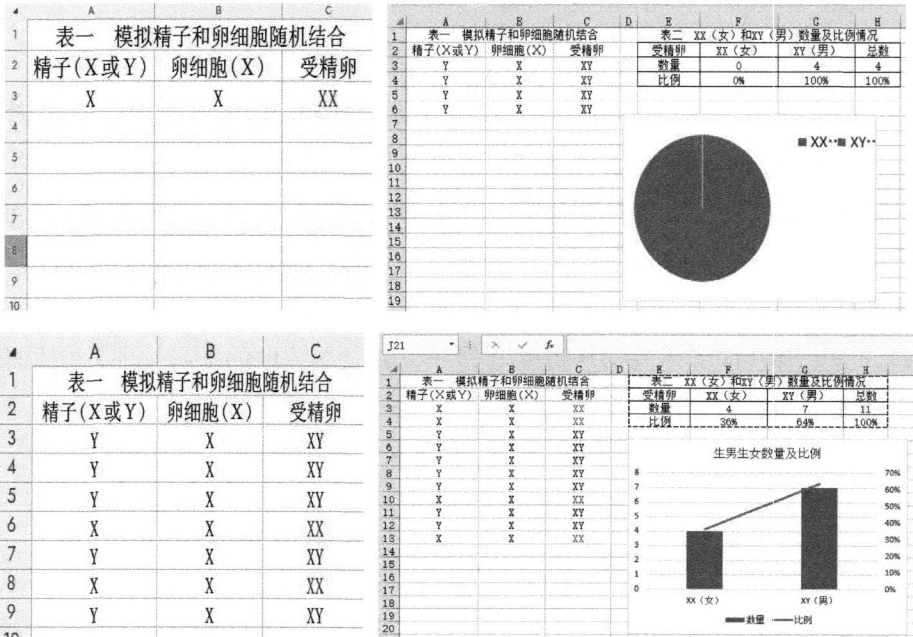

图5　Excel软件模拟精子与卵细胞随机结合

本节模拟实验，充分利用了计算机里的Excel软件，发挥了计算机在生物学实验教学中的重要作用，体现生物学课程与现代信息技术的融合。学生在Excel表格中操作，随着鼠标的拖动结束，表中的数字和图示也会随着发生相应的变化。通过操作会立刻显示出模拟实验样本的数量、受精后受精卵性染色体组合为XX（女）和XY（男）的数量及比例，饼状图等图示将男女比例更是直观呈现，免去了学生记录和统计的过程，真正体现人人参与操作、速度快、呈现结果明显、效率高等特点。

在Excel表格中操作，XX（女）组合自动以红色呈现，使得男女性别在色彩上有了区分。让学生直观感知到，XX的性染色体组合为女孩，XY的性染色体组合为男孩，潜移默化地强调"人的性别是由性染色体决定的"这一重要概念。

在Excel表格上操作，还可以无限次开展多种实验样本的操作。取少量样本时有可能出现全为XX（女）或全为XY（男）的极端组合情况，如图6所示。

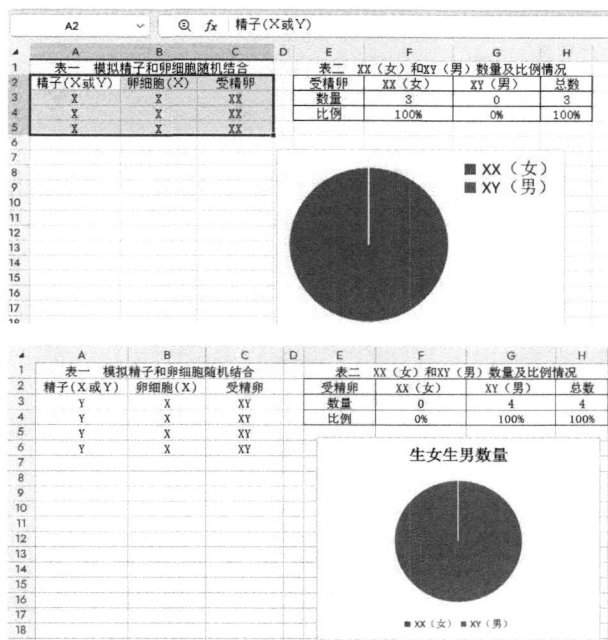

图6　极端组合情况

通过这些极端案例，让学生明白一个家庭有几个孩子，出现男女比例不是1∶1的情况是不奇怪的，以及生男生女不是女性的责任，关键取决于哪种类型的精子与卵细胞结合。而当我们将样本数量扩大到千万个，模拟某一地区的生男生女比例时，会发现男女比例接近1∶1。取足够大的实验样本，可使学生在充分感知的基础上，经过观察、比较和分析后，更容易明白"生男生女机会均等"这一重要概念的原因，即提供含X性染色体的精子和含Y性染色体的精子数量是相当的，它们与卵细胞结合的机会也是均等的。

（二）活动反思

相比传统的用黑白围棋进行模拟实验，使用电脑模拟，具有易操作、投入少、效率高、人人参与、可大量抽取实验样本的优点。虽然软件安装方便，易于推广，但因为必须使用电脑操作才能完成，所以对上课场所有要求，即学校必须有配备电脑的机房。

第十二篇　蛋壳的奥秘

基本概况

　　鸟卵的结构是《鸟的生殖和发育》一课中的重点内容。为了帮助学生深入理解鸟卵结构与功能的相关知识，教师可以围绕鸟卵能承受较大外界压力进行实践活动。本篇围绕鸟卵能承受较大外界压力、卵壳的成分，聚焦"鸟卵能较好的保护内部结构"这一问题，综合利用生物学、物理、化学和数学知识，探究鸟卵对外界压力的承重和卵壳的成分。

　　本篇的跨学科实践活动可帮助学生深入理解鸟卵有保护内部结构的作用，使鸟类能适应在复杂的陆地环境中繁殖，形成结构与功能相适应的生命观念，进一步提高制作工具和动手操作的能力。本篇的跨学科实践活动融合了生物学、物理、化学和数学等多学科知识，渗透了一定的生命观念、数学观念、物理观念和化学观念，可以培养学生的科学思维、探究实践能力及劳动能力，有效提升学生的核心素养。

　　本篇将开展下列探究或实践活动任务。任务一，观察鸟卵的形态，尝试徒手捏碎鸟卵（生物学、物理）；任务二，探究不同种类鸟卵的承重（生物学、物理、数学、劳动）；任务三，探究同种鸟类不同品种的卵以及同种鸟类不同新鲜程度的卵的承重（生物学、物理、数学）；任务四，观察白醋充分浸泡鸟卵（生物学、化学）等。在进行这些问题的探究与实践过程中，需要学生观察鸟卵的形态、尝试徒手捏碎鸟卵、讨论并制作测量鸟卵承重的工具、利用工具探究不同鸟卵的承重并观察鸟卵被白醋充分浸泡前后的变化，分析数据、总结归纳并得出结论。

依据新课标课程内容中的"生物多样性""生物学与社会·跨学科实践"学习主题，结合初中生物学教学进度，本篇的跨学科实践活动可以在七年级第一学期开展，建议安排2课时。工具制作应在课前完成，教师需要引导学生关注工具的科学性和可操作性，建议利用课后时间完成。"白醋充分浸泡鸟卵"的活动应在课前完成。课堂上（1课时）完成以下活动：观察鸟卵的形态、尝试徒手捏碎鸟卵、探究不同鸟卵的承重、展示并引导讨论分析鸟卵被白醋充分浸泡前后的变化。

生本课程

一磕就破的鸡卵，为什么在母鸡孵卵时候不会被压破？为什么白醋充分浸泡过的鸟卵，变得非常柔软？鸟类具有结构复杂的卵，使其能适应在陆地繁殖。鸟卵对外界压力的承重，体现了卵壳对内部结构的保护作用。

不同鸟卵的卵，大小有差异，它们对外界压力的承重有区别吗？不同品种的鸡产下的卵对外界压力的承重有区别吗？产出时间不一样，即新鲜程度不一样，对外界压力的承重有区别吗？白醋充分浸泡过的鸟卵，为什么变得柔软不能承重呢？我们一起设计实验，求证答案吧。

一、任务挑战

设计对照实验，探究不同鸟卵对外界压力承重的区别；设计对照实验，探究同种鸟类不同品种的卵对外界压力承重的区别；设计对照实验，探究同品种不同新鲜程度鸟卵对外界压力承重的区别；观察白醋充分浸泡过的鸟卵。

二、活动准备

1.材料用具

不同质量的压力片、探究鸟卵承重的自制工具、胶带内圈、自封口保鲜袋、烧杯、白醋，以及不同品种和不同新鲜程度的鸡卵、鸭卵和鹌鹑卵等。

2.分组分工

（1）鸟卵承重实验：学生四人一组，一人准备压力片，一人加压力片，一人协助并保持自制工具的稳定，一人及时记录实验数据。

（2）白醋浸泡鸟卵实验：分为两组，即鸡卵组和鹌鹑卵组。

三、活动过程

（一）探究鸟卵对外界压力的承重实验

1.原理

鸟卵能承受较大的外界压力；大小、品种和新鲜程度不同的鸟卵，对外界压力承重是有区别的。

2.步骤

（1）把鸭卵放入自封口保鲜袋中，密封袋口；

（2）把鸭卵较钝和较尖端上下朝向，上下各放置一个胶带内圈；

（3）在上部胶带内圈上依次加压力片，并及时记录数据；

（4）直至鸭卵被压碎，记录最大承重数据；

（5）分别用鸡卵、鹌鹑卵等鸟卵替代鸭卵，重复(1)～(4)步骤进行探究，并将数据记录在表1中。

表1　不同鸟卵对外界压力承重数据记录表

序号	卵的类型	承重量/kg
1	鹌鹑卵	3.2
2	鸡卵	12.5
3	鸭卵	16.6
4		

（6）用不同品种鸡卵替代鸭卵，重复（1）～（4）步骤进行探究，并将数据记录在表2中。

表2　不同品种的鸡卵对外界压力承重数据记录表

序号	鸡卵的品种	承重量/kg
1	土鸡卵（散养）	9.8
2	蛋鸡卵（养鸡场）	12.6
3		
4		

分析结果，得出结论。

（7）用不同新鲜程度的同品种鸡卵替代鸭卵，重复(1)～(4)步骤进行探究，并将数据记录在表3中。

表3　不同新鲜程度鸟卵对外界压力承重数据记录表

序号	鸡卵的新鲜程度/d	承重量/kg
1	1	12.6
2	4	9.8
3	7	6.6
4		

（二）观察白醋充分浸泡过的鸟卵

1. 原理

卵壳中的碳酸钙与醋酸发生了化学反应，卵壳变得柔软，因而不能承重。

2. 步骤

（1）分别向两个烧杯中加入适量白醋（含醋酸5%）；

（2）把鸡卵和鹌鹑卵分别浸没在白醋中；

（3）观察实验现象；

（4）3～4天后，取出鸡卵和鹌鹑卵，观察卵壳状况。

（5）分析结果，得出结论。

四、综合性作业与答案

1. 综合性作业

（1）一般情况下很难徒手捏碎鸡卵，这说明鸟卵对外界压力有较大的承重，体现了鸟卵对内部结构具有_____作用。

（2）课后实践：用白醋充分浸泡鸟卵，再探究其承重情况，并从卵壳的坚硬程度和成分等方面分析原因。

2. 参考答案

（1）保护　　（2）略

五、评价与反思

参照表4，对你本次活动进行评价与反思。

表4　跨学科实践活动评价与反思表

	评价项目		评价等级		
1	评价我们小组制作的教具	科学性	好	一般	有瑕疵
		可操作性	容易	一般	困难
2	参与活动的态度		积极	较积极	不积极
3	与本组同学合作的态度		愉快	较愉快	不愉快
4	完成任务的情况		完成全部	完成大部分	完成小部分
5	能否通过实验数据得出结论		能	不能	
6	希望再次参与类似活动的意愿		特别期待	可以参与	不想参与
反思：你认为此活动中最有意思或最感兴趣的步骤或细节是什么？					
			签名：　　　年　　月　　日		

注：在相应等级处打√。

```
教学参考
```

鸟卵的结构是《鸟的生殖和发育》一课中的重点内容。为了让学生更好地理解鸟卵的结构与功能，围绕鸟卵进行实践活动，让学生亲身体验感知鸟卵的抗压情况，这样的教学融合了物理等学科知识，既契合了新课标的要求，又体现了跨学科教学。

通过本次实践活动，学生理解鸟卵有保护内部结构的作用，形成结构与功能相适应的观念，进一步提高制作教具和动手操作的能力。

一、教学方案

（一）提出问题

鸟卵能承受较大的外界压力吗？（生物学、物理）

不同种类的鸟卵承重有什么区别？（生物学、物理、数学、劳动）

不同新鲜程度的同种鸟卵承重一样吗？（生物学、物理、数学）

为什么白醋浸泡过的鸟卵不能承重？（生物学、化学）

（二）教学计划

观察鸟卵的形态，尝试徒手捏碎鸟卵。

探究不同种类鸟卵的承重。

探究同种鸟类不同品种的卵以及同种鸟类不同新鲜程度的卵的承重。

观察白醋充分浸泡的鸟卵。

（三）教学思路

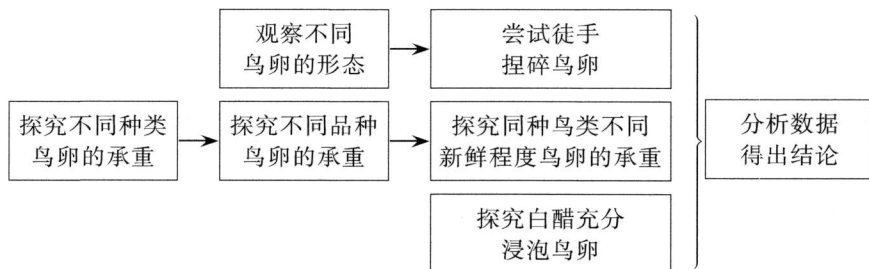

二、教学设计

（一）跨学科实践教学目标

教学目标	涉及学科	核心素养
小组合作完成观察和解剖鸟卵，识别鸟卵各部分的结构，了解鸟卵各部分结构的功能	生物学	科学思维、探究实践
了解鸟的生殖发育一般过程，培养保护鸟类的意识	生物学	生命观念、态度责任
指导学生利用自制工具进行鸟卵承重实验，培养学生的实践探究能力；引导学生对数据进行分析并得出结论，培养科学思维	生物学 物理 数学	科学思维、探究实践 物理观念 数据分析
引导学生对视频和图片分析，了解鸟卵的结构与功能是相适应的；理解鸟卵适于鸟类在陆地生殖和发育的特征，培养科学思维	生物学	生命观念、科学思维、态度责任
通过活动培养学生合作交流和语言表达能力	语文	语言运用、思维能力
在指导科技活动小组成员制作教具过程中，要关注形状、尺度、比例和数量等，帮助学生形成"结构与功能""尺度、比例和数量"等跨学科概念	生物学 数学 劳动	生命观念 数学建模 劳动能力

（二）教学准备

1. 教师准备

（1）指导学生制作探究鸟卵承重的工具。

（2）材料：不同质量的压力片、胶带内圈、自封口保鲜袋、烧杯、白醋、不同品种和新鲜程度的鸡卵、鸭卵和鹌鹑卵等。

（3）分组和分工：组织学生课前分组进行白醋浸泡鸟卵实验。

2.学生准备

（1）鸟卵承重实验小组分工：学生四人一组，一人准备压力片，一人加压力片，一人协助并保持自制教具的稳定，一人及时记录实验数据。

（2）白醋浸泡鸟卵实验分为两组：鸡卵组和鹌鹑卵组。课前3天时间开始实验。

（三）教学重难点

1.教学重点

认识鸟卵的结构和功能。

2.教学难点

通过实验，分析归纳鸟卵各部分的结构及功能；概括鸟卵适于鸟类在陆地生殖和发育的特点。

（四）教学过程

教学环节	教师活动	学生活动	教学意图
课前完成	指导学生完成工具制作 指导学生分组完成课前白醋浸泡鸟卵实验 指导学生课堂实验分工准备	讨论并在教师指导下制作探究鸟卵承重工具，分组完成白醋浸泡鸟卵活动	为课堂展示白醋浸泡的鸟卵和探究鸟卵承重做好准备
引入新课	提问：两栖动物生殖发育离不开水；鸟类有什么特点能使它们的生殖和发育适应陆地？	思考并回答	从上一节课内容引入，渗透进化与适应观
介绍实验步骤，观看实验参考视频	介绍实验步骤，播放实验参考视频	观看实验参考视频	通过分组实验，提高实践探究能力
观察鸡卵实验	组织实验，记录实验	各小组按照实验步骤进行操作	观察并识别鸡卵各部分的结构与功能，渗透结构与功能观。开展探究实践活动，培养学生的探究实践能力

续 表

教学环节	教师活动	学生活动	教学意图
实验交流	组织学生进行实验交流	进行实验交流	学生通过交流，达到实验目的
卵壳和卵壳膜的保护作用	根据图片，互动引导得出卵壳和卵壳膜保护功能	思考并回答卵壳和卵壳膜的保护作用	强化结构与功能相适应的理念，渗透结构与功能观
鸡卵抗压实验	分别组织4位学生进行演示实验：新鲜程度一样的鸡卵、鸭卵、鹌鹑卵的抗压对照实验；新鲜程度一样的土鸡卵、鸡卵的抗压对照实验；鸡卵：产出时间分别1天、4天和7天的抗压对照实验	4位学生协作演示，其余学生观察思考	通过实验验证观点，养成科学探究习惯，形成结构与功能观。让学生进行分析，发展学生的科学思维。开展跨学科探究实践活动，培养学生的探究实践能力。通过实践，帮助学生初步形成严谨的科学态度
气室结构、卵壳上的气孔	分析煮熟鸡卵钝端的凹陷结构，播放热水中鸡卵冒出气泡的视频	观察图片，观看视频，思考互动问题并回答	通过直观图片和视频，引导学生思考并得出正确结论。形成结构与功能观
卵白中含有蛋白质	播放检验蛋白质实验视频	认真观看检验蛋白质实验视频，得出卵白中含有蛋白质的结论	通过视频，获得信息并得出结论，培养科学思维能力，形成结构与功能观。让学生进行分析，发展学生的科学思维
卵黄膜的作用	播放"生活小窍门"视频，组织刺破卵黄膜的实验	观看视频，完成刺破鸡卵卵黄膜实验	对比视频与实验的不同结果，通过深度感受，思考得出结论，形成结构与功能观。让学生进行分析，发展学生的科学思维
鸡卵胚盘的功能	引导学生分析胚盘图片，比较受精和未受精胚盘的区别	观察图片，思考并互动回答	分析现象，得出结论，形成结构与功能观。让学生进行比较，发展学生的科学思维

教学环节	教师活动	学生活动	教学意图
鸟卵有利于鸟类在陆地上繁殖的特点	提问：鸟卵哪些特点有利于鸟类在陆地上繁殖后代	互动归纳，得出结论	形成结构与功能观
鸟的生殖发育过程	结合图片，介绍鸟的生殖发育过程，鸠占鹊巢的例子分析	互动思考，了解鸟的生殖发育过程	鸟生殖发育的一般过程
爱护鸟类	介绍鸟类是农林卫士，人类朋友；宣传"爱鸟周"	爱护鸟类，保护生态	形成生态观。通过讲解、表达，帮助学生初步形成一定的社会责任
课堂小结	回顾本节课的主要学习内容	回忆巩固	温故知新
布置作业	课后实践：用白醋充分浸泡鸟卵，再探究其承重情况，并从卵壳成分等分析原因	思考、讨论、实践、回答	综合性作业，体现学科融合，重实践

（五）课后反思

优化鸟卵承重实验工具设计：如果能将承重均匀连续地施加于鸟卵，就会使实验数据更加准确，重力片换成课本使课堂实验更具有操作性。

通过本节课堂实验，实实在在调动学生的积极性，为在其他章节教学中，设计并实施跨学科实践活动，提供了课例参考。

师生充分讨论并制作鸟卵承重工具以及组织学生进行白醋浸泡鸟卵实验，学生参与非常积极，还提出了很多自己的意见。在生物学教学中开展课内结合课外，理论联系实际做了有意义的尝试。

三、实操案例

（一）活动内容

2022年3月8日上午，马鞍山市第七中学围绕"聚焦核心素养的培育"，与马鞍山市教育科学研究院共同开展了"基于初中生物学的理科跨学科教学探索"及"1+4"教研活动。

在马鞍山市第七中学录播教室，由生物学教师史广富老师开设公开课《鸟的生殖和发育》。史广富老师设计了"观察鸟卵的结构"实验，指导学生分组实验，两两合作，敲一敲卵壳，剪一剪卵壳膜、卵黄膜，按一按卵黄等，引导学生由内到外观察鸡卵的结构，感知鸡卵的结构，从剪开卵黄膜，还需按压卵黄才能更容易观察到卵黄流出的动态过程，使学生认同鸟卵中卵黄膜的保护功能。史老师通过设计让学生观察蛋清稀释液在碱性环境下滴入几滴硫酸铜溶液变紫的现象，使学生认同卵白和卵黄中含有蛋白质等丰富的营养物质。史老师还开创性地带领科技活动小组自制工具，让四位学生亲手演示新鲜鸡卵的抗压实验，如图1所示，全班学生当堂获取的数据：此鸡卵可抗压10.5千克左右，颠覆了学生原有的认知。

图1 学生开展鸟卵的抗压实验图

史广富老师精心备课并设计教学过程，在"探究实验"中融入物理、化学知识，不仅有助于获取生物学概念，在探究过程中学生主动投入，也有助于培育科学思维能力。课堂上史老师应用数字化实验开展教学，睿智地引导学生动手、动脑，亲切地与学生交流，把控课堂节奏到位。他设计的实验轻松有趣、贴近生活实际，深受学生欢迎。

课程结束后，马鞍山市教育科学研究院教研员禹萍老师带领听课老师进行了评课与研讨，如图2所示。省级教科研项目（编号JK21118）组成员杨冰老师和吴雪梅老师等就"跨学科教学"在本节课的恰当运用进行了分析，雨山区教研员吴敬怡、花山区教研员任静、名师工作室负责人王琳、马鞍山第八中李婉、第十二中韩冬梅等多名教师进行了交流发言，本节课受到了听课教师的一致好评。

图2　听课老师进行评课与研讨

最后，禹萍老师提出了一些建议：为了全面落实义务教育"减负提质"，在教学时应积极探索生物学与其他学科之间的联系，可适当合理设计跨学科教学，培养学生的综合思维能力，提升核心素养。

（二）活动反思

由禹萍老师指导，史广富老师设计完成的蛋的抗压实验和验证卵白和卵黄中含有蛋白质实验，将物理和化学的概念巧妙地融入生物学课堂。借鉴物理实验和化学实验，突破学科的界限，既锻炼了学生科学探究的能力，又培养了学生的科学思维，体现了生物学上结构与功能相统一的生命观念。

通过本次教研活动，教师对如何更好地开展课堂教学，更有效地培养学生的核心素养有了深刻的认知。在新时代，教师应当立足新课标，贯彻核心素养培育目标，率先完成转型，带领学生赢在起跑线上。

第十三篇　人体中的杠杆

基本概况

本篇围绕生物学中的人体运动系统，聚焦"人体的结构与功能相适应，各系统协调统一，共同完成复杂的生命活动"这一大概念，综合利用生物学、物理、体育与健康等学科知识，探究运动系统的组成及各组成结构的功能，揭示隐藏其中的生物学和物理规律。

本篇聚焦"运动系统的组成以及运动是如何产生的？""人体的运动系统中骨、关节和肌肉分别对应物理学杠杆中的哪些部分？""人体上臂对应物理学中哪种类型的杠杆？有何意义？""如何在体育锻炼中有效运动，避免受伤？"等问题。

本篇的跨学科实践活动融合了生物学、物理、体育与健康、信息技术和劳动等多学科知识，渗透了生命观念、物理观念、运动能力、健康行为、信息意识等核心素养。这些跨学科实践活动对学生的科学思维、科学探究、劳动能力等核心素养的培育是至关重要的。

本篇将开展以下探究性任务。任务一，解剖鸡翅，探索运动本质（生物学、物理）；任务二，制作屈肘伸肘模型（物理、生物学）等。在进行这些问题的探究与实践过程中，需要学生动手解剖并观察鸡翅的结构特点，帮助学生深度理解运动产生的规律，形成结构与功能相适应的生命观念，并将所学知识进行迁移、整合、运用，体现生物学与物理学科间知识的渗透和融合，可有效提升学生的核心素养。

依据新课标课程内容中的"人体生理与健康""生物学与社会·跨学科实践"学习主题，结合初中生物学教学进度，本篇的跨学科实践活动可以在八年级第一学期开展，建议安排2课时。

生本课程

情景一：体育课教学中肌肉拉伤，关节脱臼，骨裂的现象时有发生。

情景二：在日常生活中，我们经常会搬东西、提重物，当我们提重物时，重物越靠近身体，就越省力；重物越远离身体，就越费力，同样是骨在肌肉牵引下绕关节完成的运动，为什么会带来不同的感受？

在运动过程中如何保护我们的运动系统，科学有效地运动呢？带着这些问题，我们一起了解人体中的杠杆。

一、任务挑战

解剖鸡翅，观察鸡翅的结构；运动系统与杠杆系统的对比；分小组制作人体简易杠杆模型；如何改进模型制作中存在的问题；综合运用多学科知识指导体育锻炼，有效运动。

二、活动准备

1.材料用具

解剖盘、镊子、一次性手套等；2个去皮的鸡翅（全翅），1个剖开关节，1个没有剖开关节；1个去骨的鸡翅（全翅）；制作人体杠杆模型的相关材料等。

2.分组分工

3～6人为1小组，观察鸡翅结构，制作人体杠杆模型。

三、活动过程

（一）观察鸡翅的结构

1. 让鸡翅动起来

（1）用手牵拉鸡翅（没有剖开关节的）翅根处的一组肌肉，看看鸡翅是否活动？结合先前理论知识的学习，说出在运动过程中骨、关节、骨骼肌如何相互配合？

（2）鸡翅的屈伸动作至少需要几组肌肉的协调配合？

2. 观察鸡翅中的肌肉

主要观察翅中部位的肌肉，同时参照教材中鸡翅的图片，完成以下任务。

（1）找到一块完整的肌肉，用镊子准确指出肌肉的各结构。肌肉中间较粗，是肌腹。肌肉两端较细，呈白色的是肌腱。

（2）用镊子挑起一块完整的肌肉，肌肉依靠什么结构附着在骨上，怎样附着？肌肉依靠肌腱附着在不同的骨上。

3. 观察鸡翅中的骨

用镊子拨开肌肉，观察鸡翅中的骨，根据观察完成以下任务。

（1）对比去骨鸡翅和完整鸡翅，结合骨的物理特性（硬度、韧性）分析骨在运动中的功能。

（2）观察鸡翅脱去的骨架，看到骨与骨之间是通过一定的结构连接的。

4. 观察鸡翅中的关节

观察已经剖开的鸡翅关节，对照教材中关节的示意图，完成以下任务。

（1）用镊子准确指出关节的各结构。

（2）你是怎样区分出关节头和关节窝的，它们具有怎样的特点？

（3）关节软骨位于哪里？其特点是表面光滑。

（4）关节头和关节窝的表面由关节软骨包裹着。

（二）制作简易人体杠杆模型——屈肘伸肘模型

1.制作模型

用硬纸板剪成上臂骨和前臂骨的形状，用皮筋代替骨骼肌，胶带代替肌腱，螺钉代替关节。

2.模拟屈肘

捏住代替肱二头肌的皮筋，轻轻拉动，观察前臂的位置变化；徐徐放开此线，但不要使前臂位置完全复原。

3.模拟伸肘

捏住代替肱三头肌的皮筋，轻轻拉动，观察前臂的位置变化。

（三）分享制作的"人体中的杠杆模型"作品

上传你的"人体中的杠杆模型"作品照片及演示视频至班级群，供大家学习与评价。

四、综合性作业与答案

1.综合性作业

（1）看图填空。

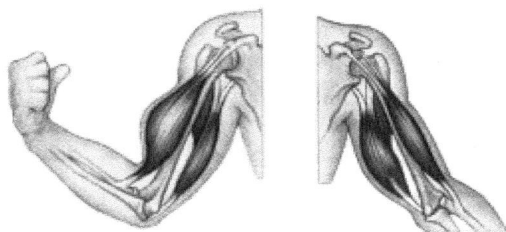

屈肘　　　　　　　　伸肘

①屈肘：肱二头肌＿＿＿＿＿＿＿（填"收缩"或"舒张"），肱三头肌＿＿＿＿＿＿＿（填"收缩"或"舒张"）。

②伸肘：肱二头肌＿＿＿＿＿＿＿（填"收缩"或"舒张"），肱三头肌＿＿＿＿＿＿＿（填"收缩"或"舒张"）。

（2）观察右图，下列有关说法错误的是（　　）

A.肌肉中间较粗的部分叫做肌腹

B.两端较细的呈乳白色的部分是肌腱

C.肌腱可绕过关节连在不同的骨上

D.肌腱属于肌肉组织

（3）下列表示骨、关节和肌肉关系的模式图中，正确的是（　　）

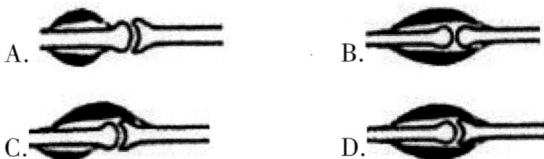

A.　　　　　　　　　　　　B.

C.　　　　　　　　　　　　D.

（4）排球运动员在比赛中需完成手腕屈和伸等动作，关于这些动作的分析不正确的是（　　）

A.在神经系统调节下完成

B.由一块骨骼肌收缩完成

C.由骨骼肌牵引骨绕关节活动完成

D.体现了关节的牢固和灵活

（5）完善你的"人体中的杠杆模型"作品。

2.参考答案

（1）①收缩　舒张　②舒张　收缩（2）D　　（3）D　　（4）B（5）略

五、评价与反思

参照表1及表2，分别对你的物化作品和本次活动进行评价与反思。

表1　跨学科实践活动物化作品——"人体中的杠杆模型"的评价量规

维度	示范级	合格级	需改进级
科学性	模型能很好地演示骨、关节和肌肉协调配合完成运动的过程	模型能演示骨、关节和肌肉协调配合完成运动的过程	模型不能演示骨、关节和肌肉协调配合完成运动的过程
美观性	制作精良，美观	制作一般，不够美观	制作粗糙，不美观

续 表

维度	示范级	合格级	需改进级
实用性	实用，可用于生物学教学	实用，可用于生物学教学	不实用，不可用于生物学教学
自评			
他评			
终评			

注：在相应选项打"√"。

表2 跨学科实践活动评价与反思表

评价指标	评价标准	评价等级（填：优秀、一般、合格）
参与程度	小组成员有明确的职责，能发挥自己的作用	
合作交流	积极参加小组讨论，并提出自己的观点	
创新意识	活动有创新意识，并能在成果中实现	
反思：你认为此活动中最有意思或最感兴趣的步骤或细节是什么？		

签名： 年 月 日

教学参考

骨、关节和肌肉构成了我们身体的运动系统。有了运动的结构基础，运动还需要在神经系统的调节以及其他系统的协调配合下才能正常进行。在运动的过程中我们通常会遇到以下两种情境：

情景一：体育课上肌肉拉伤，关节脱臼，骨裂等受伤现象时有发生。

情景二：在日常生活中，我们经常会搬东西、提重物，重物越靠近身体就越省力，重物越远离身体就越费力。

尽管运动相当复杂，但最基本的运动都是由肌肉收缩牵动骨绕关节转动产生的，其模型就是物理中的杠杆。要想解决以上情景中的问题，还需要我们了解物理中有关杠杆的知识。

根据真实问题情境，通过生物学第二课堂，以小组合作探究的形式探索人体运动的本质，揭示隐藏其中的物理规律，指导我们在体育锻炼中做到科学有效的运动。

一、教学方案

（一）提出问题

人体的运动系统中骨、关节和肌肉分别对应物理学杠杆中的哪些部分？（生物学、物理）

人体上臂对应物理学科中哪种类型的杠杆？有何意义？（生物学、物理）

你愿意尝试制作人体的杠杆模型吗？（生物学、物理、数学、劳动）

如何在体育锻炼中有效运动，避免受伤？（生物学、体育与健康学科）

（二）教学计划

1.准备阶段

确定活动主题、活动方案。

2.布置与动员

（1）介绍开展此活动的意义、目的。

（2）分组：3~6人一组，推荐组长。各组长负责本组学案的分发，明确本组成员分工。

（3）通过课外查找物理中的杠杆相关资料，了解杠杆的类型。

（4）以小组为单位制作屈肘伸肘模型，进一步认识运动系统与杠杆系统。

3.活动开展

（1）教师创设真实问题情境引导学生自主探究。

（2）各小组观察解剖鸡翅，认真记录观察结果，小组研讨分享。

（3）每组派代表展示本组收集的关于杠杆的资料。

（4）各小组模型展示。

4.活动总结

师生总结、自评互评阶段。

（三）教学思路

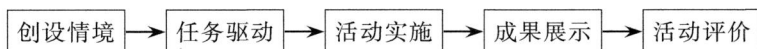

创设情境 → 任务驱动 → 活动实施 → 成果展示 → 活动评价

二、教学设计

（一）跨学科实践教学目标

教学目标	涉及学科	核心素养
通过解剖鸡翅，探索运动本质，建立结构与功能观，认同生物体的整体性	生物学	生命观念、探究实践
通过小组自主制作屈肘伸肘模型，培养学生运用科学思维分析解决问题的能力。在制作模型的过程中，要关注形状、尺度、比例和数量等，帮助学生理解"结构与功能""尺度、比例和数量"等跨学科概念	生物学 物理 数学 工程学 劳动	生命观念、科学思维 探究实践 物理观念 数学建模 劳动能力
尝试综合运用多学科知识指导体育锻炼，有效运动	体育与健康学科	运动能力、健康行为
培养学生合作交流和语言表达能力	语文	语言运用、思维能力

（二）教学准备

1.教师准备

多媒体课件、微视频；解剖实验材料用具：解剖盘、镊子、一次性手套、鸡翅等；模型制作材料用具：薄的硬纸板、胶带、固定螺钉、剪刀、皮筋等。

2.学生准备

分组分工，3～6人为一小组，通过课外查找相关资料，了解物理中的杠杆，认识杠杆的类型；根据指导模型，尝试制作人体杠杆模型。

（三）教学重难点

1.教学重点

通过解剖鸡翅，探索运动的本质，建立结构与功能观，认同生物体的整体性。尝试综合运用多学科知识指导体育锻炼，进行有效运动。

2.教学难点

通过解剖鸡翅，探索运动的本质，建立结构与功能观，认同生物体的整体性。模型制作并演示骨、关节和肌肉协调配合完成运动的过程。

（四）教学过程

教学环节	教师活动	学生活动	教学意图
情景导入	情境一：展示图片，体育课教学中肌肉拉伤，关节脱臼，骨裂的现象时有发生 过渡：通过前面的学习，我们知道骨、关节、肌肉构成我们的运动系统	观察图片，结合已有知识经验思考并尝试回答	以学生感兴趣的体育活动引入，引导学生思考不科学的运动会造成伤害，树立健康意识，渗透态度责任
教师引领，自主探究	提问：在运动过程中，我们如何保护运动系统并科学有效的运动呢？ 过渡：鸟类的运动系统也涉及骨、关节、肌肉。以鸡翅为观察材料，观察骨、关节和肌肉的结构特点，分析概括它们在运动中的功能	结合学案，明确分工，小组成员间合作探究	

教学环节	教师活动	学生活动	教学意图
教师引领，自主探究	活动一：观察鸡翅。观察前的准备：学案，材料说明，小组分工。提示：观察顺序从整体到局部，从外到内，展示任务，指导学生 （一）让鸡翅动起来。尝试让手中的鸡翅做屈伸运动 讨论： 1.运动是如何产生的？ 2.鸡翅的屈伸动作至少需要几组肌肉的协调配合？ （二）观察鸡翅中的肌肉 1.找到一块完整的肌肉，准确指出肌肉的各结构 2.用镊子挑起这块完整的肌肉，观察肌肉依靠什么结构附着在骨上？是否固着在一根骨上？ （三）观察鸡翅中的骨 1.对比去骨鸡翅和完整鸡翅，结合骨的物理特性（硬度，韧性）分析骨在运动中的功能 2.观察鸡翅脱去的骨架，骨与骨之间是否有联系？ 过渡：其中关节是骨连结的主要形式，活动范围最大 （四）观察鸡翅中的关节 1.准确指出鸡翅中关节各结构 2.讨论分析关节的灵活性和牢固性依赖哪些结构	在教师指导下，学生牵动肌肉，让鸡翅做屈伸运动展示，研讨达成共识： 肌肉收缩牵动骨绕关节产生运动 一个动作的完成至少需要两组肌肉相互配合 展示，研讨达成共识： 肌肉由肌腱和肌腹两部分组成。肌腱绕过关节连在不同的骨上 展示，研讨达成共识： 1.骨具有一定的硬度和韧性，具有支持、负荷的功能 2.骨与骨之间通过骨连结形成骨骼 展示，研讨达成共识： 1.关节包括关节面、关节囊、关节腔三部分 2.总结关节的特点：具有灵活性和牢固性	以小组合作的形式开展观察活动，培养学生交流合作的能力，渗透生命观念，同时在实践、操作、观察、分析中培养学生的科学思维和探究实践能力 通过观察鸡翅这一活动，激发学生的探究兴趣，使学生主动参与探究，主动思考并解决问题。培养科学思维和探究实践能力 在活动中通过操作-展示-研讨-达成共识，构建生物学概念，同时让学生在潜移默化中逐步认同生物体结构与功能相适应 体现"适应观"，渗透生命观念这一核心素养

教学环节	教师活动	学生活动	教学意图
教师引领，自主探究	知识小结：运动系统主要是由骨、关节和肌肉组成。肌肉收缩牵动骨绕关节产生运动。生物体结构和功能相适应 过渡：人在运动时都在无意识地运用物理学中的杠杆原理 什么是杠杆？杠杆与我们的运动系统有着怎样的对应关系？ 1.播放物理学中杠杆相关的视频 2.负责搜集杠杆知识的课外兴趣小组分享相关资料 资料展示：杠杆的三种类型：等臂杠杆、省力杠杆、费力杠杆，以及这三种类型杠杆的特点 提问：人体上臂中的杠杆属于哪种类型的杠杆？ 思考课前提出的问题：提重物时，重物越靠近身体，就越省力，这是为什么？	学生结合已有知识经验思考并尝试回答 认真观看视频，积极分享搜集资料 学生思考回答 教师引导总结：提重物时，重物靠近身体，缩小了阻力臂，实现省力的效果	日常生活中劳动——搬东西，提重物的情境引导学生思考 通过观看视频以及课外查阅扩充物理学相关知识。初步了解杠杆系统的组成、类型以及各类型的特点
	活动二：制作简易的人体杠杆模型——屈肘伸肘模型 教师演示自制指导模型，同时展示任务、目的要求、材料用具和方法步骤 课前组织学生分小组制作人体杠杆模型，动员学生上台展示各小组的模型。上传制作的"人体中的杠杆模型"作品照片及演示视频至班级群，供大家学习与评价。完成"人体中的杠杆模型"的评价量规和评价反思表	学生根据已有知识自主设计制作模型并展示 上传自己的"人体中的杠杆模型"作品照片及演示视频至班级群	在模型建构中渗透与物理、数学、工程学等学科概念，体现学科融合 用所学知识解释生活中的实际问题，渗透信息科技意识将学生之前所学知识进行迁移、整合，体现学科知识间的渗透

教学环节	教师活动	学生活动	教学意图
课堂小结	师生共同研讨：体育运动中如何保护运动系统；运用杠杆原理进行有效运动；模型制作中存在的问题，如何改进	学生总结学习心得	—
布置作业	完成综合性练习，完善你的"人体中的杠杆模型"作品	学生独立完成练习	综合性作业，体现跨学科融合，具有实践性

（五）课后反思

布置给学生做运动系统的模型的任务时，有一部分学生完成得不太好。有些学生的模型中没有加入皮筋等来模拟肌肉，只有"关节"和"骨"；"肌肉"不能体现两组肌肉的协调配合；肱二头肌、肱三头肌与骨连接的位置不准确。经过师生几次修改和讨论，模型制作得越来越科学完善。

通过自主性的学习和科学探究活动，给学生沉浸式的学习体验，学生能够将活动中获得的直接体验转变为理性认识，逐步深化对运动本质的理解，形成生命观念；能够运用多学科知识分析生活中真实案例，关注运动系统的健康；还能引导学生形成积极参加体育锻炼的意识和习惯。

三、实操案例

（一）活动内容

2021年10月，马鞍山成功学校初二生物兴趣小组成员利用课后时间，在生物实验室观察鸡翅，制作模型，如图1所示。实践指导教师为马鞍山市成功学校陈黎黎。

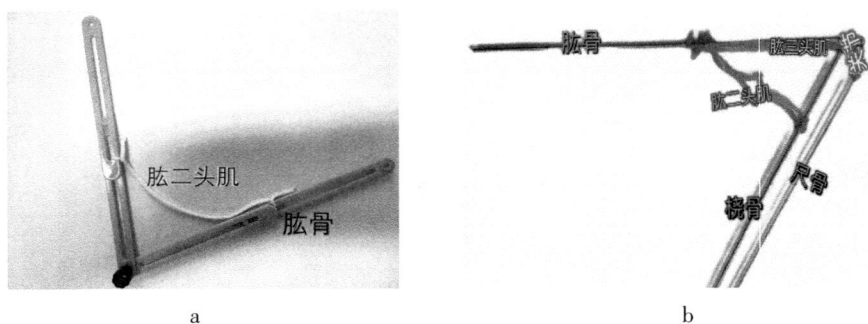

图1 兴趣小组制作模型

（二）活动反思

在这次跨学科实践活动学习中，学生观察解剖鸡翅，深入理解运动的本质及规律，同时利用多种信息渠道，搜集了生活中、人体中杠杆的相关知识。小组成员共同合作，利用废旧材料制作人体屈肘伸肘模型，并能用杠杆知识解释说明，将理论知识转化为实践，体现学生自主探索学习能力。通过不断提出问题，观察、体验，不断地解决问题，学生获得成就感。通过这次跨学科实践活动学习，学生各方面能力都有所提高，学习的积极性增强，这在我们今后的教学中应该保持和发扬。

第十四篇　探秘舌尖上的美味——酸奶

基本概况

微生物存在于日常生活中，由于个体微小不易观察，学生很难有完整的感性认识，而对于微生物的学习却又是初中生物学教学的重要内容之一。为了让学生了解微生物的结构，建立微生物与人类关系的认知，特别是关于"微生物在食品生产中的广泛应用"方面的认知，可围绕微生物中的乳酸菌在食品行业中的应用开展实践活动。本篇围绕乳酸菌在酸奶发酵的作用这一关键问题，综合利用生物学、化学、工程学、数学、信息科技等相关知识，探究影响酸奶口感的条件。

本篇的跨学科实践活动能够帮助学生深度理解乳酸菌生长繁殖的条件，进一步提高学生观察能力、实验设计能力和动手操作能力等。通过对"在乳酸菌的作用下可以将葡萄糖转化成乳酸"的认知，建立生物学的物质与能量观。本篇需要学生动手设计简易装置并制作酸奶、观察比较酸奶发酵过程、比较酸奶与纯牛奶pH的差异、分析数据、总结归纳并得出结论，帮助学生形成生命观念、化学观念、工程学和数学观念，培养了学生科学思维、探究实践能力以及劳动能力，有效提升学生的核心素养。

在本篇的跨学科实践活动中，教师需指导学生完成以下跨学科实践任务。任务一，观看制作酸奶的视频（信息科技）；任务二，设计简单装置并制作酸奶（生物学、劳动）；任务三，品尝酸奶与纯牛奶的口感（生物学、语文）；任务四，测定酸奶和纯牛奶的pH（生物学、化学）；任务五，设计系列影响酸奶发酵的因素的探究实验（生物学、化学、工程学）；任务六，开展系列探究实验，探索并制作一款符合自己口味的酸奶（生物学、工程学、化学）。

依据新课标课程内容中的"生物的多样性""生物学与社会·跨学科实践"学习主题，结合初中生物学教学进度，本篇的跨学科实践活动可以在七年级第一学期开展。由于学生已经完成微生物基本知识的学习，对于微生物在发酵食品中的应用已有所了解。学生对于科学实验积极性特别高，利用周末时间提前布置相关任务，如搜集相关资料、利用家里的器具完成酸奶制作的尝试。本活动建议安排2课时，一个课时结合兴趣小组制作酸奶出现的问题进行分析并讲解相关知识和原理，另一个课时总结学生制作的过程并品尝比较，以及分享感受和心得。

生本课程

酸奶由于独特的风味，酸甜适宜，芳香可口，营养丰富，以及含有多种对人体有益的乳酸菌而深受广大消费者的喜爱。酸奶是以牛奶为原料，添加适量的白砂糖，经巴氏灭菌和冷却加入纯乳酸菌发酵剂，经保温发酵而制成的产品。

你知道酸奶为什么具有酸酸的口感？你想制作一款自己喜欢口味的酸奶吗？让我们一起动手实验去寻找酸奶制作的奥秘。

一、任务挑战

制作酸奶；检测酸奶的酸度；设计系列影响酸奶发酵的因素探究实验；选择一个探究实验实践，分析现象并得出结论。

二、活动准备

1.材料用具

纯牛奶、酸奶、pH试纸及比色卡、小烧杯、镊子、表面皿、玻璃棒、一次性的纸杯、一次性的勺子；生物学兴趣小组课前制作的三组酸奶：在温度42℃的恒温容器下第1组发酵时间4h、第2组发酵时间8h、第3组发酵时间12h。

2.分组分工

4人为一小组。

三、活动过程

（一）观察、品尝、比较、评价酸奶和纯牛奶

从气味、状态、黏稠性等方面评价酸奶和纯牛奶，说一说，写一写，填一填表1。

表1　比较酸奶和纯牛奶

名称	比较项目			
	气味	状态	黏稠性	…
酸奶				
纯牛奶				

（二）测酸奶与纯牛奶的pH

1.原理

pH亦称氢离子浓度指数、酸碱值，是溶液中氢离子活度的一种标度。通常情况下当pH<7的时候，溶液呈酸性；当pH>7的时候，溶液呈碱性；当pH=7的时候，溶液为中性。

2.步骤

（1）取等量纯牛奶和酸奶分别倒入小烧杯中。

（2）将玻璃棒和镊子擦拭干净，等待备用。

（3）用镊子夹取pH试纸放置于表面皿上，等待备用。

（4）用玻璃棒蘸取少量纯牛奶和酸奶涂抹在pH试纸上，等待10秒左右，观察pH试纸上的颜色变化。

（5）将pH试纸与pH试纸标准比色卡进行比对，读出相应的pH。

结果与结论：通过测定pH，可以得出酸奶呈酸性，酸奶在发酵过程中产生了酸性物质。

（三）设计系列探究活动

1.原理

乳酸菌在无氧的情况下能将葡萄糖分解成乳酸并释放出少量能量，这个过程叫做乳酸发酵。乳酸发酵其实就是乳酸菌的无氧呼吸，可制成酸奶。由于乳酸发酵需要乳酸菌等微生物的参与，故制备乳酸必然会受到温度等因素的影响。

现有的酸奶成品往往含有乳酸菌，在实际制作中我们通常会用成品酸奶替代乳酸菌，那么酸奶与纯牛奶的不同比例，以及加多少糖等都可能影响酸奶发酵。

2.探究酸奶与纯牛奶的不同比例对酸奶发酵的影响

请填写表2，思考该探究实验的单一变量是什么？无关变量是什么？

表2　探究酸奶与纯牛奶的不同比例对酸奶发酵的影响

组别	设定发酵条件	酸奶与纯牛奶的比例	观察记录
第一组		0∶1	
第二组		1∶1	
第三组	发酵时间	1∶2	
第四组	发酵温度	1∶3	
第五组		1∶4	
…		……	

该探究实验的单一变量是酸奶与纯牛奶的比例，无关变量是发酵时间、发酵温度等。分析现象：＿＿＿＿＿＿。得出结论：＿＿＿＿＿＿。

3.探究温度对酸奶发酵的影响

请填写表3，思考该探究的单一变量是什么？无关变量是什么？

表3　探究温度对酸奶发酵的影响

温度/℃	0	10	20	30
酸奶发酵的情况记录				

该探究实验的单一变量是发酵温度。无关变量是发酵时间、菌种等。

分析现象：_____。得出结论：_____。

4.探究发酵时间对酸奶发酵的影响

请填写表4，思考该探究的单一变量是什么？无关变量是什么？

表4　探究发酵时间对酸奶发酵的影响

发酵时间	第一组 1h	第二组 2h	第三组 3h	第四组 4h	第五组 5h	第六组 6h	第七组 7h	第八组 8h	第九组 9h
酸奶发酵的情况记录									

该探究实验的单一变量是发酵时间。无关变量是发酵温度、菌种等。

分析现象：_____。得出结论：_____。

观察记录：第一，看形态，即是固态，液态，还是半液态？第二，尝试闻一闻气味。第三，观察表层轻轻按压并记录其黏稠情况。第四，观察感受并记录其内部发酵情况，是固态（实的）还是液态（空的）？第五，通过品尝了解其口感情况，如酸度、甜度等。

5.分享制作的"酸奶"成品

分享你的"酸奶"成品照片至班级群，供大家学习与评价。

四、综合性作业与答案

1.综合性作业

（1）通过观察pH标准比色卡，发现pH大于7溶液呈碱性，pH等于7溶液呈中性，pH小于7溶液呈_____。

（2）酸奶的发酵有_____的参与并产生了_____，因此酸奶具有酸酸的口感。

（3）乳酸菌是厌氧菌，因此乳酸菌在培养过程中装置要做到_____，防止影响其生长。

（4）酸奶的发酵需要具有活性的乳酸菌菌种、适宜的温度、_____等条件，同时在发酵过程中讲究干净卫生，做好消毒灭菌工作。

（5）实践性作业：设计装置并制作酸奶，并和家人分享，要求上传相关照片或视频到班级群。

2.参考答案

（1）酸性 （2）乳酸菌 乳酸 （3）严格密封 （4）防止其他杂菌生长影响乳酸菌的生长 （5）略

五、评价与反思

参照表5及表6，分别对你的物化作品和本次活动进行评价与反思。

表5 跨学科实践活动物化作品——"酸奶"的评价量规

维度	示范级	合格级	需改进级
科学性	利用发酵原理制作酸奶，制作过程操作规范严谨 制作过程中菌种与鲜牛奶的比例、温度的控制、时间的把握合理	利用发酵原理制作酸奶，制作过程操作规范 制作过程中菌种与鲜牛奶的比例、温度的控制、时间的把握基本合理	利用发酵原理制作酸奶，制作过程操作不规范 制作过程中菌种与鲜牛奶的比例、温度的控制、时间的把握不合理
美观性	呈凝块状，乳白色，甜度适中，酸度适中，口感细腻	黏稠，过甜或过酸，口感不佳	稀薄，变质，有异味
实用性	口感佳，可食用	不符合大众口感，可食用	不能食用
自评			
他评			
终评			

注：在对应等级打√。

表6　跨学科实践活动评价与反思表

评价指标	评价标准	评价等级（填：优秀、一般、合格）
参与程度	小组成员有明确的职责，能发挥自己的作用	
合作交流	积极参加小组讨论，并提出自己的观点	
创新意识	活动有创新意识，并能在成果中实现	
反思：你认为此活动中最有意思或最感兴趣的步骤或细节是什么？ 签名：　　　年　　　月　　　日		

教 学 参 考

　　人教版教材在介绍"制作米酒"的详细流程的同时提出了尝试制作酸奶的倡议。因此，本篇利用酸奶制作的实践活动，让学生理解乳酸菌在食品发酵中的应用，了解乳酸菌生长繁殖的条件。通过对"在乳酸菌的作用下可以将葡萄糖转化成乳酸"的认知，建立生物学的物质与能量观。同时，通过本次实践活动将课本与实际有机结合起来，激发学生的学习兴趣，提高学生的学习积极性，培养学生的劳动实践能力，增强劳动意识。

一、教学方案

（一）提出问题

乳酸菌在酸奶的制作过程中发挥何种作用？

（二）教学计划

测定酸奶和纯牛奶的酸度。（化学）

学习酸奶制作的原理。（生物学、化学）

制作酸奶。（生物学、数学、劳动）

二、教学思路

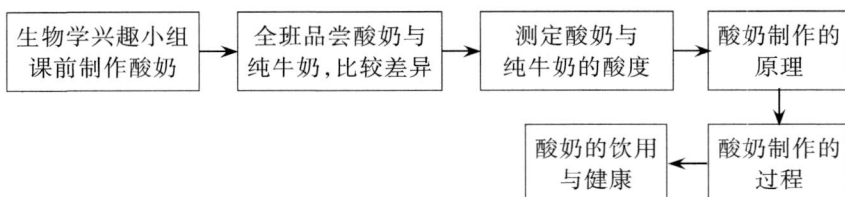

三、教学设计

（一）跨学科实践教学目标

教学目标	涉及学科	核心素养
对酸奶制作的原理学习，了解物质在发生转化时伴有能量变化，建立物质与能量观，使学生掌握生物学基础知识，形成基本的生命观念、物理观念和化学观念	生物学 物理 化学	生命观念 物理观念 化学观念
通过对几组酸奶的品尝、观察和探究，运用比较、归纳等方法，培养学生独立思考和多角度分析问题的能力，使学生初步掌握科学思维方法，具备一定的科学思维习惯和能力	生物学 化学	科学思维、生命观念、探究实践 化学观念
通过对酸奶制作的学习，使学生学会自己动手制作酸奶，并上传视频和同学、家人分享，增进家庭成员交流、渗透劳动教育	生物学 劳动 信息科技	态度责任、探究实践 劳动能力 信息意识
通过对酸奶饮用禁忌的讲解，使学生学会关注自身健康，形成健康生活态度和良好的习惯从而树立健康意识。通过牛奶相关诗句的赏析，渗透语文运用和文化自信	生物学 语文	责任态度 语言运用、文化自信
通过发酵过程中，进一步关注带活菌的酸奶中所含乳酸菌的量等因素对发酵的影响，帮助学生形成"结构与功能""尺度、比例和数量"等跨学科概念	生物学 数学	生命观念 数学建模 科学探究

（二）教学准备

1.教师准备

（1）查阅微生物参与发酵的相关资料和乳酸菌生长的必要条件。

（2）购买不同品牌的冷藏酸奶并比较各个品牌酸奶的口感差异。

（3）提前在家自制酸奶并观察发酵过程中可能出现的现象。

（4）准备实验材料，如一次性杯子和勺子、pH试纸、pH标准比色卡、玻璃棒、表面皿等。

（5）录制测定酸奶pH的演示视频。

（6）搜集相关图片和视频制作多媒体课件。

2.学生准备

（1）复习细菌参与食品发酵的相关知识。

（2）利用课余时间借助网络查阅酸奶制作的流程。

（3）利用家里的器皿尝试自制酸奶。

（三）教学重难点

1.教学重点

酸奶制作的步骤与酸奶制作的发酵条件。

2.教学难点

酸奶制作的发酵条件。

（四）教学过程

教学环节	教师活动	学生活动	教学意图
创设情境，导入新课	出示视频《舌尖上的美食——泡菜篇》 提问：你知道制作泡菜是哪种微生物的参与吗？ 板书"探秘舌尖上的美食——酸奶"	观看、思考、分析、回答	联系生活，激发学生的学习兴趣，引导学生探寻制作酸奶的奥秘

教学环节	教师活动	学生活动	教学意图
环节一：品尝纯牛奶和酸奶	生物兴趣小组利用纯牛奶、保温杯等在家制作酸奶 既然酸奶是由纯牛奶经发酵制作而成的，现在请学生品尝纯牛奶和酸奶，并用自己的语言描述纯牛奶和酸奶的不同 提问：酸奶为什么具有酸酸的口感？酸奶和纯牛奶相比，比较黏稠可能是什么原因导致的？ 教师补充并解析：酸奶比较黏稠是由于在乳酸菌的作用下，酸奶发酵产生了乳酸，pH下降，在酸性条件下牛奶的乳酪蛋白等蛋白质分子表面电荷间的吸引力增大，从而发生了凝集沉淀	学生品尝，思考 分析、比较回答	通过观察、比较、分析，发展学生的科学思维，培养学生的探究实践能力。通过小组合作提高合作探究的能力，渗透实践探究能力 通过学生描述两者的异同，渗透对学生"语言运用"核心素养的培育 讲解酸奶黏稠是由于加了黏稠剂引起的，形成健康意识、正确价值观，渗透态度责任
环节二：测定纯牛奶和酸奶的酸碱度	教师补充酸碱度的知识，播放演示视频，指导学生开展实验，指导学生拍照上传 引导学生对实验结果进行分析、讲解	观看视频动手实验，拍照上传实验结果	与化学学科知识点相融合，体现跨学科教学，渗透核心素养的培育 通过拍照上传等方式渗透"信息意识"
环节三：制作酸奶的原理	通过测定酸碱度的实验，得出酸奶的pH小于纯牛奶的pH 酸奶在发酵过程需要乳酸菌，回顾它的结构？它起的作用？产生了哪种物质使酸奶呈酸性？ 讲解乳酸菌相关知识，介绍乳酸菌的结构特点、形态、电镜下乳酸菌的图示等讲解酸奶制作原理	回顾乳酸菌相关知识，思考、回答 总结归纳	初步了解化学反应中物质在发生转化时伴有能量变化，建立物质与能量观

教学环节	教师活动	学生活动	教学意图
环节四：酸奶制作的过程	了解了酸奶制作的原理，你知道具体怎样做酸奶吗？ 播放制作酸奶的视频，让学生试着回答流程 根据学生回答，总结讲解制作流程	尝试回答 观看视频思考作答 归纳整理	通过比较、分析总结制作流程，培养学生进行独立思考的能力。 在酸奶制作的过程中，涉及生物学、工程学等，渗透跨学科思维
环节五：探究影响酸奶发酵的因素	生物学兴趣小组利用这一原理准备了三组酸奶，请学生品尝并进行评价。 提示描述三组酸奶的口感，选出你认为最美味的酸奶，请各小组根据评价提示畅谈品尝感受 揭秘：三组酸奶的发酵时间不同，使得其口感有差异。说明什么？ 过渡：生物学兴趣小组在课外制作酸奶的过程中也遇到一些问题。进行系列探究实验的实验设计与分析 出示制作过程中的问题照片 说明：温度、发酵时间长短和乳酸菌的量等都会影响发酵 请大家设计探究实验，分别探究温度、发酵时间长短和乳酸菌的量对发酵的影响	品尝酸奶、比较、思考、评价、上传评价结果，小组成员谈感受 发酵时间的长短会影响酸奶的口感 完成实验设计和分析	在比较、分析、思考中提升科学思维能力 体现智慧课堂，渗透信息意识 在系列探究的实验设计中，培养学生科学探究能力，在实践活动中培养学生探究实践能力，同时在分析现象得出结论的过程中提升科学思维能力
环节六：健康小知识	酸奶虽然好喝，但并不适合所有人群。出示健康小知识视频	观看视频	让学生建立健康生活的态度和习惯，渗透态度责任
巩固练习	归纳小结本节内容，出示相关练习	归纳小结，思考作答	小结，归纳，形成整体认知
布置作业	了解了酸奶的制作过程，请学生在家制作酸奶，并和家人分享	课后完成酸奶制作，并与家人分享	布置综合性作业，让学生学会自己动手制作并和家人分享，增进家庭成员交流、渗透劳动教育，体现学科融合，增强实践性

（五）课后反思

本节课是受教材中制作米酒流程的启发，从而联想到酸奶的制作。由于本节内容课本上并没有，所以教师需自己设计全部教学内容和各个教学环节，从而让学生了解如何制作酸奶，这对授课教师来说有一定的挑战性。因此，本节课从实际生活入手巧妙地整合教学内容，针对日常生活中常见现象设计问题，突破重难点。

本节课在教学内容的设计上融入生物学与化学，契合了新课标提出的跨学科实践；在内容处理上采用了不同的教学策略，充分体现了学生自主学习和合作交流新课标理念。例如，比较纯牛奶与酸奶的异同采用四个动词——"看、闻、挑、尝"，充分发挥学生的主观能动性，让学生主动地获取知识。

本节课充分利用实例和资料图片，增加了教学过程的趣味性和实践性。结合学生的实际生活，提高了学生的兴趣，让课本与实际结合起来，真正做到学以致用。这样的实践活动有利于提高学生的动手实践能力，促进学生形成热爱劳动、学会生活的积极态度。

四、实操案例

（一）活动内容

2022年11月8日，马鞍山市雨山实验学校王偏偏老师开设了一节市级公开课，授课内容是"探秘舌尖上的美食——酸奶"。这是基于"生物学与社会·跨学科实践"学习主题开发的一节跨学科实践研讨课。

该实践教学中，王偏偏老师引导学生综合运用生物学、化学等学科的相关知识和方法，尝试分析和解决实际问题。首先，选用适当的真实情境"舌尖上的美食——泡菜"引入课题，即同由乳酸菌制作的另一种发酵食品——酸奶。然后，在"测定纯牛奶与酸奶的pH"环节中，运用化学学科中测定液体pH的方法，分析比较出酸奶与纯奶的酸度差异；在"制作酸奶的原理"环节中，运用化学反应式形式归纳酸奶的制作原理，引导学生进行探究温度、发酵时间和乳酸菌的量等因素影响酸奶发酵的实验设计与分析；在"制作酸奶的过程"环节中，学生先观看视频了解制作酸奶的过程，再运用生物学学科知识分析、解释制作酸奶过程中的关键步骤，如图1所示。最后的健康小知识，让学生了解不是人人适合喝酸奶，进一步升华主题，将课堂与实际生活紧密联系到一起，形成健康意识。活动运用多媒体工具进行截屏、拍照、上传，将信息技术与课堂教学融合。

图1 "探秘舌尖上的美食——酸奶"实践活动

本次教学活动扩展了学生的视野，增强了学生的本领，运用比较、分析、归纳等方法，培养学生的科学思维，提升学生应用知识的能力，激发学生探究生命奥秘的兴趣，促进学生核心素养的形成，是一节跨学科实践教学的积极尝试。

马鞍山市教育科学研究所生物学科教研员禹萍老师组织听课教师开展了评课活动。吴雪梅、韩冬梅、吴莎莎、江芸等老师对本节课进行了全方位的点评，并结合自身教学研究经验，提出了有益的建议，如图2所示。最后，禹老师高度表扬了本节课的教学设计和教学过程，从深度、细节等方面进一步提出合理化建议。

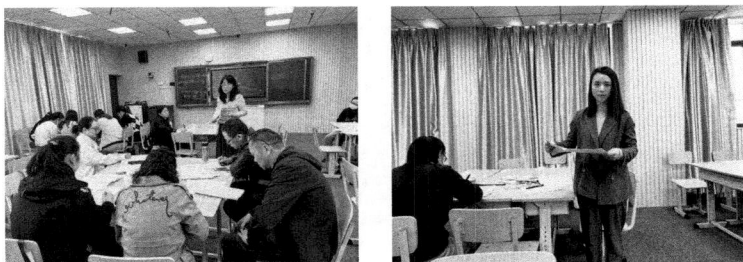

图2 活动评析

（二）活动反思

在学习了微生物在发酵食品的应用之后，以生活中常见的酸奶为例，探索酸奶制作的奥秘，结合化学中的酸碱度，使用pH试纸测定酸奶和纯牛奶的pH。由于pH试纸在测定时存在一定的误差，如果想要精确的测定酸奶的pH可以采用酚酞为指示剂，以氢氧化钠标准溶液滴定法测定。

在制作酸奶之前，对所需的器皿进行开水煮沸等方式属于微生物培养过程的灭菌技术，防止制作过程中其他杂菌的干扰。乳酸菌是厌氧细菌，在无氧的情况下将葡萄糖分解成乳酸，所以酸奶在发酵的过程中需要做密封处理。初步让学生建立细菌的繁殖培养需要一定的条件，为学习高中生物学中微生物的培养打下基础。温度在42℃左右酸奶的发酵效果较好，说明乳酸菌的繁殖需要适宜的温度。除了温度影响乳酸菌的发酵效果，发酵时间也会影响酸奶的口感。本次探究实践活动设置了三组实验来研究发酵时间对酸奶发酵效果的影响。通过三组实验表明，酸奶的发酵时间在8小时左右酸奶的口感较佳。其实可以在条件允许的情况下，以1小时为间隔，设计多组实验，从而减小实验误差，获得较准确的发酵时间。在酸奶的发酵过程中，生物学兴趣小组发现活菌的添加量、采用不同品牌的冷藏酸奶接种都会产生影响，有待进一步研究和实践。

第十五篇　眼和视觉

基本概况

　　《眼和视觉》是人教版生物学七年级下册教学的重点内容。为了帮助学生深入理解相关知识，教师应围绕眼和视觉形成的关系进行实践活动。本篇聚焦"物像是怎样落在视网膜上的？""近视是怎样形成的，如何矫正？"等问题，综合利用生物学、物理等学科知识，探究视觉的形成原理，以及近视的发生和矫正。

　　本篇跨学科实践活动是在了解眼球的基本结构的基础上，融合物理学科的光学原理，通过动手操作，帮助学生了解眼球的结构、视觉的形成原理，从而更深刻地理解近视的形成和矫正原理，引导学生关注日常生活中眼的保健和近视的预防。本跨学科实践活动融合了生物学、物理等多学科知识，渗透了生命观念、科学思维、探究实践等核心素养的培育。

　　在本篇的跨学科实践活动中，教师需要指导学生完成系列实践活动任务。任务一，学习眼球的基本结构（生物学）；任务二，通过凸透镜模拟晶状体，光屏模拟视网膜，理解视觉成因（生物学、物理）；任务三，用曲度不同的凸透镜进行成像实验，观察成像情况，理解近视、远视的发生原因（生物学、物理）；任务四，通过调整光屏与凸透镜的距离进行成像实验，观察成像情况，理解近视、远视的发生原因（生物学、物理）；任务五，尝试通过在凸透镜前方加凹透镜，模拟近视的矫正（生物学、物理）。

　　由于七年级学生对"物像""倒像""焦点"等概念没有认知，因此教师需将物理实验引入教学，使学生直观感受物像的成像原理，化繁为简，突破难点。依据新课标课程内容中的"人体生理与健康""生物学与社会·跨学科实践"学习主题，结合初中生物学教学进度，本篇跨学科实践活动适宜在八年级第一学期开展，建议安排2课时。

生 本 课 程

眼球的基本结构是怎样的？外界物体如何在视网膜上成像？近视和远视的形成原因是什么？什么是假性近视和真性近视？近视是如何被矫正的？今天我们将学习眼和视觉。

一、任务挑战

了解眼球的基本结构。通过凸透镜模拟晶状体，光屏模拟视网膜，理解物像焦点落在视网膜上呈清晰的倒像。用曲度不同的凸透镜进行成像实验，观察成像情况，理解近视、远视的发生原因。通过调整光屏与凸透镜的距离进行成像实验，观察成像情况，理解近视、远视的发生原因。尝试通过在凸透镜前方加凹透镜，模拟近视的矫正。

二、活动准备

1.材料用具

多媒体设备、放大镜、蜡烛等。

2.活动培训

了解并认识凹透镜、凸透镜的基本原理。

三、活动过程

（一）了解眼球的基本结构及其功能

通过眼球的基本结构，了解眼球各个结构的功能，如图1所示。

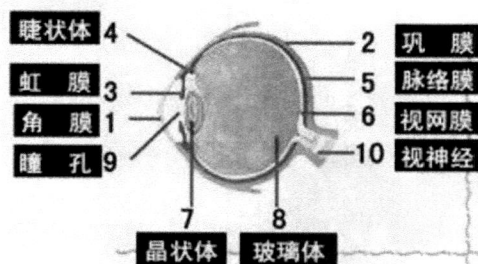

图1　眼球的基本结构

（二）凸透镜模拟视网膜成像

通过凸透镜模拟晶状体，光屏模拟视网膜，理解物像焦点落在视网膜上呈清晰的倒像，如图2所示。

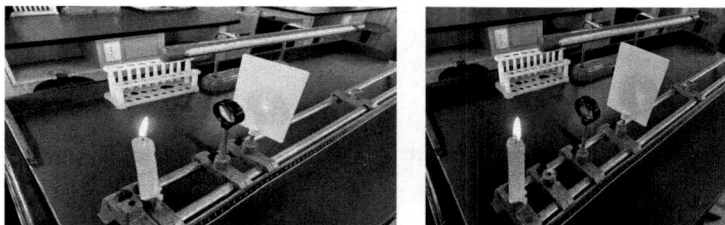

图2　凸透镜成像

（三）模拟近视、远视的成因

用曲度不同的凸透镜进行成像实验，观察成像情况，理解近视、远视的发生原因。

通过调整光屏与凸透镜的距离进行成像实验，观察成像情况，理解近视、远视的发生原因，如图3所示。

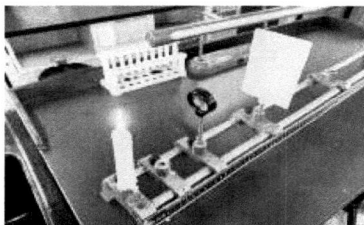

图3　模拟近视、远视

（四）模拟视力矫正

尝试通过在凸透镜前方加凹透镜，模拟近视的矫正，如图4所示。

图4 模拟视力矫正

四、综合性作业与答案

1.综合性作业

（1）在视觉形成过程中，形成图像和形成视觉的部位分别是（　　）

A.视网膜、视网膜　　　　　　　　B.大脑皮层的相应中枢、视网膜

C.视网膜、大脑皮层的相应中枢　　D.角膜、视网膜

（2）为了预防近视，应该（　　）

A.走路看书　　　　　　　　B.在直射的强光下看书

C.不躺卧看书　　　　　　　D.在光线暗的地方看书

（3）填空题

预防近视，关注用眼卫生。下图是模拟眼球成像的实验操作示意图和近视眼成像的示意图，请据图回答：

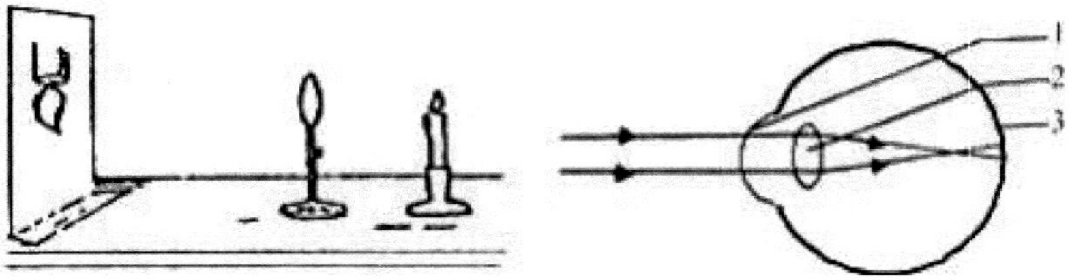

①模拟实验中左边的白纸板相当于眼球的[　]＿＿＿＿＿，中间的双凸透镜相当于眼球的[　]＿＿＿＿＿。

②在实验中，如果换上凸度较大的透镜，蜡烛应向＿＿＿＿＿方向移

动，才能使纸板上的图像清晰。

③该实验说明：正常人的眼球是通过调节[　　]_____的曲度看清远近不同物体的。

④某人眼球结构完整无损，但是看不见周围的物体，则发生病变的部位是_____。

（4）实践：体验眼球成像的模拟实验，充分感知晶状体的作用，进一步理解近视眼矫正的方法。

2.参考答案

1.（1）C　（2）C　（3）①3 视网膜　2 晶状体 ②右 ③2　晶状体④视神经或大脑皮层　（4）略

五、评价与反思

参照表1，对你本次活动进行评价与反思。

表1　跨学科实践活动评价与反思表

序号	评价内容	分值	自评得分
1	我了解了眼球的基本结构	20分	
2	我理解了视觉的形成	20分	
3	我能够和同学们合作学习	10分	
4	在小组合作中我能够积极参与	10分	
5	小组讨论中我能够提出自己的建议	10分	
6	我能够通过凸透镜模拟视觉的形成	10分	
7	我能够通过凹透镜理解近视的矫正原理	20分	
总分		100分	
反思：你认为此活动中最有意思或最感兴趣的步骤或细节是什么？			

签名：　　　　年　　　月　　　日

教学参考

学习眼和视觉，可以帮助学生了解眼球的基本结构，理解外界物像是怎样落在视网膜上形成清晰的像，理解近视是如何形成的，知道假性近视和真性近视有什么不同，知道如何矫正近视等。通过物理的凸透镜成像突破本节课的重难点。

描述眼球的结构、概述视觉的形成原理；通过实验阐明视网膜成像原理；关注日常生活中眼的保健，预防近视。

一、教学方案

（一）提出问题

物像是怎样落在视网膜上的？（生物学、物理）

近视是怎样形成的？（生物学、物理）

如何矫正近视？（生物学、物理）

（二）教学计划

自主学习、认识眼球的结构，通过实验理解"外界物像在视网膜上成一个倒立的像"，理解焦点落在视网膜上呈现清晰的像，或前或后，物像不清楚，加凹透镜和凸透镜加以矫正。

（三）教学思路

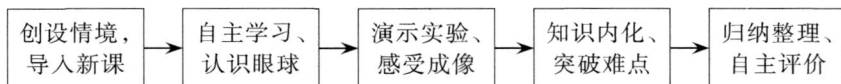

创设情境，导入新课 → 自主学习、认识眼球 → 演示实验、感受成像 → 知识内化、突破难点 → 归纳整理、自主评价

二、教学设计

（一）跨学科实践教学目标

教学目标	涉及学科	核心素养
描述眼球的结构以及各主要组成部分的功能	生物学	生命观念、科学思维、探究实践
利用凸透镜成像原理、凹透镜发散原理，理解并概述视觉的形成过程，说出近视的成因及预防的方法	生物学物理	生命观念、科学思维、探究实践物理观念
关注日常生活中眼的卫生保健	生物学	态度责任
通过活动培养学生的合作交流和语言表达能力	语文	语言运用、思维能力

（二）课前准备

1.教师准备

眼球结构模型，物理的透镜成像装置。

2.学生准备

学生自带一面小镜子。

（三）教学重难点

1.教学重点

视觉的形成过程。

2.教学难点

视觉的形成过程，近视的成因。

（四）教学过程

教学环节	教师活动	学生活动	教学意图
导入新课	人生活在不断变化的环境中，只有灵敏地感知环境的变化并对自身的生命活动进行调节，才能维持自身的生存。 提问：你能说出上述五种感觉分别来自身体的哪个部位吗	观察后积极发言 了解人的五种感受分别来自人体的不同器官	激发学生积极思考，为新课的引入做好准备。联系生活，激发学生的学习兴趣 明确这些刺激由感受器接受
眼和视觉活动1：学习眼球的基本结构	科学家统计，人体从外界获取的信息大部分来自视觉 展示眼球的基本结构模型，结合多媒体讲解眼球各部分结构和功能	通过镜子观察自己的眼球外部形态 认识眼球的基本结构及功能，完成学案 请学生将眼球模型重新组装	由学生熟悉的生活实际发问，激发学生积极思考 直观演示和讲解，帮助学生认识眼球的结构，同时设置悬念 渗透结构与功能观
活动2：通过凸透镜模拟晶状体，光屏模拟视网膜，理解物像焦点落在视网膜上呈清晰的倒像	视觉如何产生？ 利用蜡烛、放大镜，演示蜡烛火焰透过放大镜在黑板上的投影，强调物像是在视网膜上形成的，且是倒像 上述实验中，我们通过调节物像和放大镜之间的距离使物像落在黑板上，而在眼球中则是通过调节晶状体的曲度，尽可能使物像落在视网膜上 利用水透镜，模拟人体晶状体的调节 视觉的形成	观察蜡烛火焰的投影 用手势表达晶状体看远或看近的状态 理解看到物体需要经过多个环节，某一环节发生问题，都会影响观察的清晰程度 开展实验	通过图解，使学生明白视觉的形成过程 帮助学生再次认识视觉的形成 从学生熟悉的自然现象入手，认识眼睛的结构

教学环节	教师活动	学生活动	教学意图
活动2：通过凸透镜模拟晶状体，光屏模拟视网膜，理解物像焦点落在视网膜上呈清晰的倒像	那么，视觉是在眼睛中形成的吗？ 强调视觉的形成部位是大脑的特定部位 观察在不同光线强度下瞳孔的变化 指导学生利用自带的小镜子观察瞳孔的变化	思考、回答 观察 进入电影院和离开电影院不同的视觉变化	动手观察，亲身感受。通过实践进行科学探究
近视的形成 活动3：晶状体曲度不同，导致的近视和远视	当物像在视网膜上成为一个清晰的像，我们就能看清楚物体。什么情况下看不清而发生近视和远视呢？ 教师通过手演示在看远近不同状态时晶状体的曲度大小	用曲度不同的凸透镜进行成像实验，观察成像情况，理解近视、远视的发生原因	通过物理学凸透镜成像原理，帮助学生理解物像的形成原理，近视的形成原理和矫正，更加直观，突破难点
活动4：模拟眼轴长度不同导致的近视、远视	教师向后移动光屏与凸透镜之间的距离，物像变模糊 因为长期的低头学习，打游戏，我们的晶状体痉挛，回不到正常位置，看远处不清楚了，发生近视。近视为假性近视，如果到医院去，医生会散瞳，放松睫状肌。但由于长期不良用眼，假性近视就会演变成真性近视	通过调整光屏与凸透镜的距离进行成像实验，观察成像情况，理解近视、远视的发生原因 假性近视和真性近视的形成	

续 表

教学环节	教师活动	学生活动	教学意图
近视的矫正 活动5：尝试通过在凸透镜前方加凹透镜，模拟近视的矫正	你会发现，现在不是晶状体的问题，而是眼轴变长了，物像落在视网膜前方，这就是真性近视。有什么办法改变呢？	尝试在凸透镜前方加凹透镜，使物像焦点落在光屏上，形成清晰的像。尝试把自己的近视眼镜片放到凸透镜前方，感受物像清晰度的变化	理论联系实际，增加学习的趣味性，通过实践，培养学生科学探究能力
课堂小结	引导学生对本节课进行归纳总结	对本次活动进行评价与反思	培养学生的语言表达能力和思维能力
布置作业	体验眼球成像的模拟实验，充分感知晶状体的作用，进一步理解近视眼矫正的方法	完成任务	综合性作业，一方面促进学生巩固知识，另一方面体现实践性、跨学科性

（五）课后反思

本篇跨学科实践活动需首先要求学生能够了解眼球的基本结构，知道晶状体、眼轴的变化会导致近视的发生。学生首次接触物理，教师应鼓励大胆尝试。物理学科的知识点到为止，化繁为简，不适宜喧宾夺主。

三、实操案例

（一）活动内容

马鞍山市外国语学校李华老师借助物理学科凸透镜光学实验，开展了模拟视觉的形成和近视的发生、矫正实验探究活动，帮助学生理解视觉的形成。

　　跨学科实践活动"眼和视觉"学习主题的教学课堂，学生思维活跃，学生亲自动手演示，课堂上师生聚焦在实验的情境中，学生专注于开展的实验中，如图5所示。

图5　"眼和视觉"教学课堂

（二）活动反思

　　运用物理学科凸透镜成像原理，演示实验，有助于学生理解视网膜成像原理。各学科之间不是孤立的，跨学科教学有利于激发学生学习兴趣，培养学生实践能力和创新能力。教师还可以引导学生通过设计水透镜等装置用于探究凸透镜成像。

第十六篇　从鸟到纸飞机

　　《鸟》是人教版生物学八年级上册教学的重点内容之一。为了帮助学生深入理解鸟飞行相关知识，教师可以围绕鸟和纸飞机的飞行原理开展实践活动。本篇围绕鸟的飞行原理，聚焦"鸟适于飞行的形态特征和生理结构"这一问题，综合利用生物学、物理、语文、劳动技术等学科知识，探究鸟的形态结构和生理功能适于飞行的特点。

　　在本篇跨学科实践活动中，通过"折纸飞机"活动可以帮助学生深入理解鸟适合飞行的形态结构和生理特征，进一步提高观察能力、实验设计能力和动手操作的能力等。实践活动融合了生物学、物理、语文和劳动技术等学科知识，渗透了一定的生命观念、科学探究、物理观念，培养了学生的科学思维、探究实践及劳动能力，能提升学生的核心素养。

　　本篇聚焦鸟类有哪些适于飞行的形态结构和生理特征？鸟类为什么能够持续地飞行？鸟类飞行和纸飞机有哪些相同之处等问题。在针对这些问题开展的探究实践活动中，需要学生观察思考，动手制作，比较分析，加深对"鸟适于飞行的形态特征和生理结构"概念的理解。

　　在开展本篇跨学科实践活动中，教师需要指导学生完成下列实践活动任务。任务一，学习总结鸟适于飞行的形态结构和生理功能（生物学）；任务二，折"纸飞机"（劳动技术）；任务三，通过比较纸飞机和鸟的外形，理解鸟适于飞行的形态特征（生物学、物理）；任务四，通过投掷纸飞机比赛，评价纸飞机模型（生物学、物理）等。

依据新课标课程内容中的"生物的多样性""生物学与社会·跨学科实践"学习主题，结合初中生物学教学进度，本篇的跨学科实践活动适宜在七年级第一学期开展，建议安排1课时。

生本课程

鸟为什么能够飞行？它有哪些形态结构和生理特征？鸟的飞行和物理原理有哪些联系？鸟的飞行和纸飞机有啥相同之处？同样大小，不同重量的纸飞机，哪个飞得更远？

一、任务挑战

折一架纸飞机。比较鸟和你折的纸飞机的外形特征等，理解鸟适于飞行的形态特征。理解鸟适于飞行的生理特征。通过吹纸条活动，理解鸟飞行时的气流和气压。分享制作的"纸飞机"作品。

二、活动准备

材料用具：A4纸；活动培训：学会折纸飞机。

三、活动过程

（一）折纸飞机

折一架属于自己的纸飞机，如图1所示。

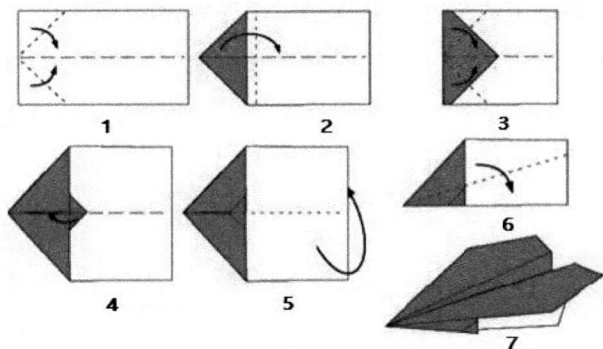

图1　纸飞机的折法

（二）比较鸟和你折的纸飞机

比较鸟和纸飞机的外形特征，总结鸟适于飞行的形态特征。

（三）投掷纸飞机

投掷纸飞机，总结鸟适于飞行的生理特征。

（四）了解纸飞机飞行的原理

把纸条一端夹在书中间，沿着下垂的纸面从上方吹气，观察纸条的飘动方向。理解鸟翼上方气流快，压力小，下方压力大，鸟翼获得向上的升力。

（五）分享"纸飞机"作品

分享你的"纸飞机"，供大家学习与评价。

四、综合性作业与答案

1.综合性作业

折纸飞机，和朋友来一场纸飞机大赛。

2.参考答案

略

五、评价与反思

参照表1及表2，分别对你的物化作品和本次活动进行评价与反思。

表1 跨学科实践活动物化作品——"纸飞机"的评价量规

维度	示范级	合格级	需改进级
科学性	纸飞机的外形能较好的体现鸟适于飞行的形态特征	纸飞机的外形能体现鸟适于飞行的形态特征	纸飞机的外形不能体现鸟适于飞行的形态特征
美观性	制作精良，美观	制作一般，不够美观	制作粗糙，不美观
实用性	滞空时间长	滞空时间不长	几乎无滞空
自评			
他评			
终评			

注：在对应等级打√。

表2 跨学科实践活动评价与反思表

序号	评价内容	分值	自评得分
1	我能够了解鸟类的形态结构和生理功能	30分	
2	我能够独立折一架属于自己的纸飞机	20分	
3	我能够通过比较纸飞机理解鸟适于飞行的形态结构	10分	
4	我能够通过投掷纸飞机，理解鸟适于飞行的生理特征	20分	
5	我很乐于参与课堂活动	10分	
6	我能够了解鸟类的形态结构和生理功能	10分	
总分		100分	
反思：你认为此活动中最有意思或最感兴趣的步骤或细节是什么？			

签名： 年 月 日

$$教\ 学\ 参\ 考$$

一、教学方案

（一）提出问题

鸟类有哪些适于飞行的形态结构和生理特征（生物学、物理）

鸟类为什么能够持续地飞行？（生物学、物理）

制作纸飞机，比较鸟类飞行和纸飞机飞行有哪些相同之处？（生物学、物理、数学、劳动技术）

（二）教学计划

通过课堂学习了解鸟适于飞行的形态结构和生理功能；折"纸飞机"激发学生学习兴趣；通过比较纸飞机和鸟的外形，理解鸟适于飞行的形态特征；通过投掷纸飞机比赛，了解鸟适于飞行的生理特征。

三、教学思路

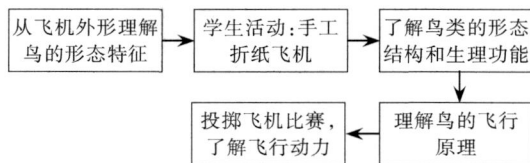

四、教学设计

（一）跨学科实践教学目标

教学目标	涉及学科	核心素养
理解鸟适于飞行的形态特征和生理功能	生物学	生命观念
通过折纸飞机，培养学生的动手能力；从力学、空气动力学等角度，理解飞行的原理	物理学	物理观念、科学探究、科学思维
通过活动培养学生合作交流和语言表达能力	语文	语言运用、思维能力
在折纸过程中，要关注纸的厚度、形状、尺度等，帮助学生形成"结构和功能""尺度、比例和数量"等跨学科概念，提升劳动能力和动手技能	生物学 数学 劳动	生命观点 数学建模 劳动能力

（二）教学准备

1.教师准备

教学PPT、大小相同厚度不同的纸张。

2.学生准备

A4纸张。

（三）教学重难点

1.教学重点

鸟适于飞行的形态特征，鸟适于飞行的生理特征。

2.教学难点

通过活动，确立鸟的身体结构与功能相统一、鸟与环境相适应的观点；通过探究，认识鸟适于飞行的形态结构特点。

（四）教学过程

教学环节	教师活动	学生活动	设计意图
创设情景，导入新课	观察、比较不同鸟在形态结构上的异同。出示观察提纲： 1. 说出鸟喙、鸟足的形态特征 2. 根据经验，说出鸟的食性和生活环境 3. 这些鸟在外部形态上有哪些共同特点	观察鸟喙可发现：有喙无齿	以观察为探究手段，培养学生的观察、分析能力
活动1：折纸飞机	—	折纸飞机，根据以往经验，折一架属于自己的纸飞机	激发学生兴趣，通过实践培养学生的动手能力
活动2：比较鸟和你折的纸飞机的外形特征等，理解鸟适于飞行的形态特征	1. 组织学生自学鸟适于飞行的形态特征和生理特征 飞机的外形呈流线型，有利于减少空气阻力，鸟身体呈流线型，有利于减少空气阻力 飞机有双翼造型，有利于飞机飞行中的保持平衡，鸟体表被覆羽毛，有双翼 纸飞机选面积大小相同的卡纸和薄纸各一张，折叠相同的造型，相同的手抛力量，看哪个飞得更远 鸟长骨中空，有龙骨突，有利于减轻体重；鸟类胸肌发达，提供源源不断的动力 纸飞机飞行的动力来源于哪里？鸟有哪些适于飞行的形态特征	结合纸飞机的外形特点，理解鸟的体形呈流线型，可以减少飞行中空气的阻力 结合纸飞机的双翼，理解鸟的前肢变成翼，有利于飞行 学生讨论并回答：翼宽阔呈扇形，扇动空气可获得飞行的动力 鸟类飞行减轻体重，节约能量 纸飞机的飞行动力来自手抛的力量，鸟的飞行动力来源于胸肌 师生共同总结鸟适于飞行的内部结构特点：骨骼轻、薄、坚固，有的骨内部中空；胸肌发达，附着于胸骨，胸骨上有突起	培养学生有目的地进行观察、记录的习惯 通过模拟实验，帮助学生获得跨学科的知识，培养学生分析、推理能力，体现与物理学科的融合

教学环节	教师活动	学生活动	设计意图
活动3：投掷纸飞机，理解鸟适于飞行的生理特征	提出问题： 纸飞机在空中飞，为什么最终会落下 如何让纸飞机一直保持动力下去 鸟类是如何保持飞行的动力	投掷纸飞机，分享感受。 纸飞机受到空气阻力和向下的重力影响，一旦手抛的力量消耗殆尽，飞机会落下。 如果给它源源不断的动力，如安装一个电池，电能转化为动力等	将物理学知识点和思维融入生物学课堂，有助于学生更深刻理解鸟适于飞行的生理特点
鸟适于飞行的生理特征——消化系统	鸟类在食量和消化方面有哪些特点？这样的特点对于鸟类的飞行有什么好处	分析材料，思考鸟的消化系统的特点。食量大，消化能力强——满足飞行时巨大的耗能需求；直肠短，随时排便——减轻体重	培养学生分析材料、归纳总结的能力
鸟适于飞行的生理特征——呼吸系统	双重呼吸：鸟类每进行一次呼吸，就可以完成两次气体交换，我们把这样的呼吸方式称为双重呼吸。这大大提高了鸟类气体交换的效率，是鸟类独一无二的呼吸方式	学生回忆，并复述总结	培养学生的知识输出能力
鸟适于飞行的生理特征——循环系统	鸟的心脏占比大，心跳频率快，血液循环更为迅速，运输营养物质和氧气更高效，可快速产能以补充飞行时的能量消耗	结合前面的学习，思考体温恒定在动物进化史上的意义，学生思考并作答	巩固新知，运用新知解决问题

教学环节	教师活动	学生活动	设计意图
活动4：吹纸条	进一步探究：请兴趣小组的学生进行"空气如何通过两翼"的模拟实验，其他学生注意观察纸带的变化 模拟实验如下：取一条宽5cm、长25cm左右的纸带，将约5cm长的纸带夹入书中、余下部分悬垂，然后举起书本，让悬垂纸带位于口的下方，用力吹动纸带上方空气 提问：什么力使得纸带飘起来？你能据此解释飞行时鸟翼抬升向上的力是如何形成的吗	吹气时纸面上方空气流速大，压强变小，下方的空气流速不变，压强不变，纸面在压强差的作用下向上飘起来 鸟翼上方气流快，压力小，下方压力大，鸟翼获得向上的升力	物理融入生物学教学，有助于学生更深刻地理解飞行的原理，培养科学思维
巩固小结反馈练习	总结鸟的主要特征	学生思考并作答	善于组织语言进行表达和沟通
布置实践性作业	课堂活动延续：完善你"纸飞机"作品并上传"纸飞机"作品照片至班级群或展示，供大家学习与评价	课后实践	鼓励学生在纸的厚度、形状、尺度上进行改进，并自我展示

（五）课后反思

　　本节课的重点是鸟适于飞行的形态结构和生理特征，常规的教学模式对于学生的理解有欠缺。生物教学跨学科融入物理教学，在学生折飞机，投掷飞机的快乐中，突破难点，寓教于乐。物理学科关于力学等知识的引入，只能点到为止，帮助学生理解鸟飞行的形态结构和生理特征即可，不能喧宾夺主。同时，要引导学生动手，在课堂多展现自我，有的学生缺少参与的积极性和热情，应该多鼓励学生。

三、实操案例

（一）活动内容

2022 年 10 月，马鞍山市外国语学校李华老师开设了一节《从鸟到纸飞机》的项目研究课，如图 2 所示。本节课主要讲解鸟的外部形态和生理特征，结合物理学科上飞机的飞行气流、动力、气压等知识点，让学生理解飞行的原理。通过学生折纸飞机，投掷飞机等活动，激发学生课堂学习兴趣，取得较好的学习效果。本节课融入了物理、劳动技术学科的知识、思想和方法，特别将物理学科知识融入生物课堂教学中，通过折纸飞机来理解鸟适于飞行的形态结构和生理功能。

a.折纸飞机　　　　　　　　b.投掷纸飞机

图2　《从鸟到纸飞机》项目研究课

（二）活动反思

如何对不同的学生因材施教，最大化地发挥学生的创新能力，是教师开展本次跨学科实践活动潜在的难点。物理知识融入生物课堂教学，化繁为简，深入浅出，激发学生学习兴趣和创新精神。

第十七篇　设计校园绿化

为了帮助学生更好地认识校园植物，教师围绕"认识校园植物，校园绿化设计"开展了相关实践活动。本篇以校园为活动范围，要求学生在手机上下载认识校园植物APP，培养学生自主学习能力，以小组为单位进行活动，培养学生的合作能力。在此基础上，综合利用了生物学、地理、美术等相关知识，让学生对校园绿化进行设计，激发学生的创新潜能。

本篇的跨学科实践活动能够帮助学生进一步认识校园植物，学会绿化校园的方法。本篇跨学科实践活动融合了生物学、地理、美术等学科知识，渗透了一定的生命观念、地理区域认知，培养了科学思维、探究实践及劳动能力，提升多学科核心素养。

在本篇跨学科实践活动中，教师需对学生进行有效指导。例如，教师可根据学校地理位置，加强引导，讲解一些好的设计方案范文；对于设计方案的文本格式、注意事项等进行一些专业讲授；引导培养学生分工合作，可从制订计划、实施阶段、归纳总结、撰写设计方案等环节进行具体指导。

在本篇跨学科实践活动中，教师要引导学生开展以下实践活动任务。任务一，下载识别植物的APP，利用各种网络手段，自主学习，认知校园里的植物（生物学、信息技术）；任务二，通过网络、图书馆查找资料（信息技术）；任务三，尝试设计校园绿化方案，激发学生潜在的创新能力（美术）等。

依据新课标课程内容中的"生物与环境""生物学与社会·跨学科实践"学习主题，本篇的跨学科实践活动可在七年级或八年级第一学期开展，建议安排2课时。

生本课程

同学们，你们想快速认识我们校园的植物吗？可以尝试通过网络科技快速了解你身边的花草树木，知道它们的生活习性。我们美丽的校园，植物丰富，我们尝试设计校园绿化，让它变得更美好。

一、任务挑战

使用APP调查校园里的植物，并认识更多的植物；通过网络、图书馆等资源，了解每一种植物的生活特性；大胆创新，设计校园植物绿化方案，提出合理建议。

二、活动准备

1.材料用具

手机、笔记本、笔。

2.活动分组

7~8人一组并选出小组长。

3.活动培训

强调校园植物生活路线；强调活动安全，不要损坏花草树木。

三、活动过程

（一）尝试使用APP

调查校园植物，开展校园植物调查的建议：7~8人一小组，选出小组长，负责本组的活动安排；布置每组的调查路线，互不影响；每组保证有一部手机，下载植物调查的APP，方便查找植物；在调查过程中，一边调查，一边记录。调查后绘制表格，归纳总结，如表1所示。

表1　校园植物调查表

序号	植物名称
1	
2	
3	
4	
5	
6	
…	

（二）尝试通过网络、图书馆等资源，了解每一种植物的生活特性

列举你搜集的一种植物照片，并附上该植物的介绍，同时分享你搜集的植物。

（三）设计校园绿化方案

小组讨论，对校园现有的绿化情况进行整理、归纳，并对校园绿化提出合理的建议。通过网络查询资料，构建自己的校园绿化设计方案。校园绿化设计方案以多元化的形式呈现，如调查报告、手抄报、绘画等，根据个人擅长呈现出来。

四、综合性作业与答案

1.综合性作业

使用APP调查更多植物，撰写校园绿化植物调查和设计。

2.参考答案

略。

五、评价与反思

参照表2，对你本次活动进行评价与反思。

表2　跨学科实践活动评价与反思表

序号	评价内容	分值	自评得分
1	我能够认识校园里的大部分植物	10分	
2	我能够利用手机APP认识植物	10分	
3	我能够和同学们合作学习	10分	
4	在小组合作中我能够积极参与	10分	
5	在小组讨论中我能够提出自己的建议	10分	
6	我能够通过互联网查找资料	10分	
7	我能够对校园绿化设计提出建议	10分	
8	我能够整理、归纳、收集资料	10分	
9	我能够写出绿化设计小论文	10分	
10	我能够认识校园里的大部分植物	10分	
总分		100分	

反思：你认为此活动中最有意思或最感兴趣的步骤或细节是什么？

签名：　　　年　　月　　日

教学参考

人教版生物学七年级上册第一篇第一章教学内容为"认识生物"，需要学生认识身边的常见植物。教师可以校园为活动范围，建议学生在手机上下载APP认识校园植物，培养学生自主学习能力，同时以小组为单位，培养学生的合作能力。在此基础上进一步拓展，让学生对校园绿化进行设计，激发学生的创新潜能。

在认识植物的基础上，了解植物的种类、习性。根据学校的地理位置，尝试校园植物设计，美化校园环境；尝试通过网络，图书馆，咨询等各种手段，积累原始素材。在活动中培养学生的合作能力，在设计中激发学生的创新潜能。

一、教学方案

（一）提出问题

校园的区域优势？校园现有哪些植物？（生物学、地理、美术）
校园的绿化设计上有哪些亮点？（生物学、地理、美术）
有哪些是可以继续完善的？（生物学、地理、美术）

（二）教学计划

下载认识植物的APP，利用各种网络手段，自主学习，认识校园植物。通过网络、图书馆查找资料。尝试设计校园绿化方案，激发学生潜在的创新能力。校园绿化设计方案可以多元化的形式呈现，如调查报告、手抄报、绘画等，根据个人擅长的方式呈现出来。在活动中，培养学生的合作能力。

（三）教学思路

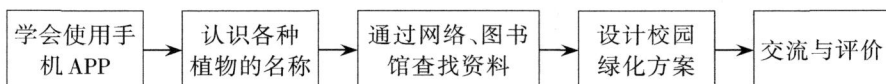

二、教学设计

七年级学生对大自然有强烈的求知欲，活泼好动。调查设计活动有利于激发学生学习生物的兴趣，走出教室，走进大自然，符合孩子的天性。

（一）跨学科实践教学目标

教学目标	涉及学科	核心素养
通过校园绿化设计培养学生的调查能力	生物学	探究实践
通过调查、讨论设计方案培养学生小组合作精神；通过网络查阅资料，电脑绘图，提高学生信息科技素养	信息技术	信息意识、数字化学习与创新
通过绿化设计培养学生的创造能力，发现美，构建美	美术	美术表现、审美创造
通过实地调查校园植物，了解校园绿化情况，且从空间和区域的视角认识地理环境及人地关系	地理	区域认知、人地协调观

（二）教学准备

1.教师准备

手机下载辨识植物的APP。

2.学生准备

下载APP，方便查找识别各种植物。

（三）教学重难点

1.教学重点

识别并了解校园植物的种类和特点，对校园植物的布局、设计提出合理化建议。

2.教学难点

在调查校园植物的基础上，对校园的绿化提出合理化建议。

（四）教学过程

教学环节	教师活动	学生活动	教学意图
导入新课	讲解校园植物类型和绿化情况	认识校园植物，调查校园绿化情况	让学生了解学习内容
活动1：尝试使用APP，调查校园植物，并认识更多的植物	以小组为单位，各小组选出组长一名 鼓励学生学会利用手机软件主动对植物进行调查和识别	大家讨论并设计调查方案、调查范围、调查路线等 手机安装APP识别植物的软件	小组形式可以培养学生的合作交流能力，顺利完成调查、设计任务
活动实施阶段	教师给予指导、反馈	在调查过程中注意提醒学生按照一定的调查路线，不要损伤花草树木，如实记录	教师全程跟进，对学生行为进行指导、监督，在调查中注意不破坏环境，注意学生安全
整理、归纳	鼓励学生对调查结果进行归纳总结，并借助计算机等现代化手段对结果进行分析， 协助学生对调查结果进行归纳整理	学生对调查结果进行分析、归纳、总结，可以借助计算机，对调查结果记录、查询、归纳、绘制校园植物分布地形图等	学科之间不是孤立的，善于借助外力可以做得更好 体现与信息科技融合
活动2：尝试通过网络、图书馆等资源，了解每一种植物的生活特性	教会学生通过网络，图书馆等方式搜集资料	通过上网、图书馆等查阅相关资料，对校园植物进行深入了解，如植物的生活习性、环境要求，植物对周边环境影响等	通过网络、图书馆查阅资料，进一步培养学生的学习研究能力，学习从课堂延伸到课外

续　表

教学环节	教师活动	学生活动	教学意图
活动3：设计校园绿化方案	阐述学生论文的基本框架，鼓励学生展开想象，整合思想，提出自己的观点	以小组为单位，在校园植物现有分布基础上，提出合理的建议在此基础上开展校园绿化设计，培养学生的调查能力，搜集查找资料，撰写设计方案	在调查、研究的基础上，提出自己的合理化建议，使校园绿化布局更美好，更适宜。兼顾人地协调观
布置作业	完善方案，交流与评价	上传自己的方案，进行自评和他评	综合性作业，体现实践性、跨学科性

（五）课后反思

七年级学生的设计能力较弱，教师需加强引导，如讲解一些好的设计方案范文。对于设计方案的文本格式、注意事项等进行一些专业讲授。引导培养学生间的分工合作能力，从制订计划、实施阶段、归纳总结、撰写设计方案等环节入手。校园绿化设计考查学生的绘图能力，如校园的基本布局、植物分布等，引导学生积极借助计算机等辅助完成。在原有的基础上，可以拓宽活动的思路，如鼓励学生可以对学校的绿化部门进行调查访问，培养学生多方面沟通交流的能力。

三、实操案例

（一）活动内容

2021年10月，马鞍山市外国语学校李华老师开设了一节项目研究课，课例名称为《校园绿化设计》。课程主要在认识校园植物的基础上，让学生进一步对校园绿化进行设计，活动之前，让学生手机下载认识植物的APP，提前规划好校园调查路线，以小组合作的方式进行调查活动，如图2所示。鼓励学生记录、整理、归纳、提出自己的建议，上网搜集资料，利用电脑绘图软件，开展校园绿化设计。本实践活动融合了信息技术、美术等学科知识、思想和方法。在学习课本内容"认识身边的植物"的基础上，鼓励学生对校园绿化环境进行设计，通过活动培养学生的自主学习能力、收集资料能力、感受美的能力、区域认知能力以及小组合作能力，在设计中培养创新思维。实践活动的优秀作品《马鞍山市外国语学校植物种类调查报告》获马鞍山市生物学生小论文评比一等奖。

图2　学生调查校园植物图

（二）校园绿化设计方案示例

以马鞍山市外国语学校七年级1班丁苏桐同学为组长的小组撰写的《马鞍山市外国语学校植物种类调查报告》为例。

1.课题的提出

校园绿化、美化是一个学校育人环境的重要标志之一，而识别校园植物是绿化、美化校园的前提。为了配合我校"绿色校园建设"，笔者在李华老师的指导下，对马鞍山市外国语学校校园的植物群落区系进行了一次比较全面的调查。

马鞍山市外国语学校占地面积约20 000平方米，建筑面积约20 000平方米，分为普通课程教学区、空乘教学区、运动区和办公区四块区域，如

图3所示。

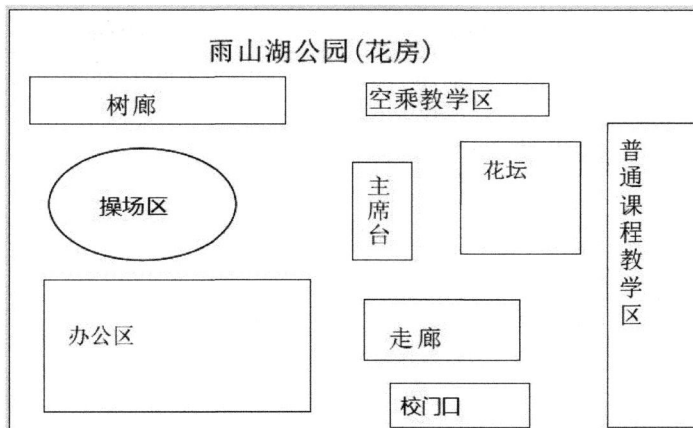

图3 马鞍山市外国语学校区域示意图

2.调查过程

调查大致分为三个阶段：第一阶段，初步观察校园内植物的分布，并拍摄照片。第二阶段，对采集的植物进行物种鉴定。第三阶段，通过请教老师和查阅资料等，了解植物的特点、产地、用途，并对学校目前的绿化状况提出自己的设计意见，如表2所示。通过此次调查，我进一步加深了对学校植物区系的了解，为校园绿化建设提供了可借鉴的科学依据。

表2 马鞍山市外国语学校校园主要植物名录

序号	种名	科属	特性	用途	校园分布	数量
1	雪松	松科雪松属	常绿乔木	庭院绿化	主席台	4棵
2	石榴	石榴科石榴属	落叶乔木或灌木	庭院绿化，食用，药用	花坛	1棵
3	桂花	木犀科木犀属	常绿灌木或乔木	绿化花木，食用，可以浸酒、窨茶	大门花坛	1棵
4	迎春花	木犀科素馨属	落叶藤状灌木	庭园花卉，盆景	花坛	11丛

序号	种名	科属	特性	用途	校园分布	数量
5	香樟	樟科樟属	常绿大乔木，优良的观赏树木	木材和根可提取樟脑，枝、叶、果可提取樟油，为工业、医药及选矿原料	运动区、树廊	18棵
6	鸡爪槭	槭树科槭树属	落叶小乔木	观赏	花坛	5丛
7	紫薇	千屈菜科紫薇属	落叶灌木或小乔木	观赏、药用	花坛	4丛
8	紫藤	豆科紫藤属	落叶藤本	观赏、药用、食用	花坛	4丛
9	棕榈	棕榈科棕榈属	常绿乔木	除观赏外，叶鞘纤维可制绳索、地毯、床垫、蓑衣、刷子等	树廊、花坛	6棵
10	水杉	杉科水杉属	落叶乔木	可供建筑、板料、造纸等用，观赏	操场区	8棵
11	银杏	银杏科银杏属	落叶乔木	珍稀树种，素有"活化石"之称，可药用和食用	花坛	2棵
12	黄杨	黄杨科黄杨属	常绿灌木或小乔木	观赏	花坛	3棵
13	腊梅	腊梅科腊梅属	落叶丛生灌木	观赏、药用	花坛	3棵
14	三色堇	堇菜科堇菜属	二年或多年生草本植物	观赏、药用	花坛	5丛
15	山茶花	山茶亚科山茶属	灌木或小乔木植物	观赏、药用、榨油	花坛	3丛
16	金边黄杨	卫矛科卫矛属	常绿灌木	抗污染，观赏	花坛	3丛

序号	种名	科属	特性	用途	校园分布	数量
17	梧桐	梧桐科 梧桐属	落叶乔木	行道树、观赏；种子可食；树皮纤维为造纸和编绳的原料	树廊	20棵
18	金叶女贞	木犀科女贞属	落叶灌木	观赏	花坛	5丛
19	石楠	蔷薇目蔷薇科	常绿灌木或小乔木	观赏、环保	花坛	5丛
20	南天竹	小檗科 南天竹属	茎多为木质，也有草本	观赏、药用	树廊	5丛
21	天竺葵	牻牛儿苗科 天竺葵属	多年生草木，喜阳光	观赏	花坛	2丛
22	羽毛槭	槭树科槭属	落叶灌木	观赏	花坛	2丛
23	韭莲	石蒜科葱莲属	基生叶，常数枚，簇生	观赏	花坛	3丛
24	红花檵木	金缕梅科檵木属	常绿灌木或小乔木	观赏	花坛	5丛
25	酢浆草	酢浆草科 酢浆草属	多年生草本植物	观赏	花坛	4丛

3.调查结果

我校布局总体合理，校园绿化设计得当、美丽，总体上分成四个区：教学区、运动区、办公区、休闲区。在休闲区，有杜鹃、桃花、迎春花等，小亭增添了诗情画意，桃花美丽香甜，迎春花向人们预报春天的来临；运动区种植了大叶冬青，四季常绿，消除噪声；教学区绿化，主要有雪松、桂花、香樟、石榴等，四季常青，其中香樟等具有较强的杀菌能力，梧桐等能够较好地净化空气，雪松四季常青。因此，我校绿化建设总体设计比较好，"春有花开，夏有树阴，秋有花果，冬有绿色"，"经济、美观、环保"是我校校园绿化最突出的特点。但是，我们认为学校里仍有部分地方不尽如人意，还有较多的空地可以开发利用，如操场的边缘的地带、教学楼的楼顶等都可以绿化，使我们的校园更加美丽。

4.思考和建议

现代化的学校需要优美的校园绿化环境。作为大家庭的一员，我们都有义务对绿化校园献计献策。

（1）学校前边是市区公路，噪声污染较为严重。学生学习需要较为宁静的学习环境，因此建议在靠近大门的区域种植一些既美观又能够减弱噪声的树种，如珊瑚树。

（2）跑道的周围可以多种榆树，因为榆树可以净化空气，阻挡风沙，而且还可以使校园更整洁，且榆树也很容易种植。

（3）在操场旁边的长廊里种上矮松和花草。矮松冬天不挡阳光，而且四季常青，还可以让学生在学习之余放松心情，缓解眼睛疲劳。

（4）在教学楼的楼顶种上花草，采取垂直绿化的方式，弥补我校总体绿化面积不足。

（三）活动反思

在校园绿化设计中，学生的学习能力不同，设计能力也有差异。如何对不同的学生因材施教，最大化地发挥学生的创新能力。校园绿化设计方案应以多元化的形式呈现，如调查报告、手抄报、绘画等，根据个人擅长呈现出来。由于每个学生的学习能力参差不齐，教师需因材施教。在开展本篇的跨学科实践活动中，教师需激发学生的创新能力，如引导学生开展校园绿化设计，指导学生进行绘图，绘图时关注校园的基本布局、植物分布等。教师还可以引导学生运用计算机等辅助完成设计和绘图，鼓励学生对学校等绿化部门进行调查访问，培养学生多方面沟通交流的能力。

第十八篇　模拟血型鉴定实验

基本概况

　　"输血与血型"与人们的实际生活关系密切。为了帮助学生掌握输血和血型有关的生物学知识，认同无偿献血，本篇围绕"ABO血型系统"，聚焦"ABO血型如何鉴定"这一问题，综合应用生物学、化学、语文等知识，设计模拟血型鉴定实验活动。

　　本篇的跨学科实践活动能够帮助学生深入理解安全输血的原则，使学生对输血和血型有关的生物学知识形成比较全面的认识。同时，在此基础上，建立物质与能量、结构与功能观等生命观念。由于学生已经学习了血液在身体中循环，能够运输氧气和二氧化碳、营养物质与代谢废物，保证身体各个脏器的新陈代谢，对于失血后的输血问题非常感兴趣，故本篇跨学科实践活动意义重大。本篇的跨学科实践活动渗透化学、语文知识，呈现生物学学科与其他学科的关联，促进学生对其他学科知识的学习，培养学生的实践创新意识，提升核心素养。

　　本篇将聚焦的"如何鉴定ABO血型"问题分解成多个子问题进行探究或实践，如"血型是如何被发现的？""血型是如何鉴定的？""应该怎样输血呢？"等。在进行这些问题的探究与实践中，教师需要指导学生完成系列实践活动任务。任务一，学习血型发现的科学史（生物学）；任务二，学习模拟血型的相关化学知识（生物学、化学）；任务三，开展模拟血型鉴定实验（生物学、化学）；任务四，归纳安全输血的原则，认同倡导无偿献血（生物学、语文）等。

依据新课标课程内容中的"人体生理与健康"学习主题，结合初中生物学教学进度和校情学情，本篇的跨学科实践活动可以在七年级第二学期开展，建议安排2课时。

生本课程

输血是抢救失血病人的有效措施，但是并不是有血就能输。如何进行安全输血？什么样的血型可以相互输血？输血前为什么要对献血者和受血者进行血型鉴定？我们一起通过实验，了解一下血型与血型鉴定的奥秘。

一、任务挑战

学习人体ABO血型系统。利用配制的模拟血型化学试剂，开展模拟血型鉴定。

理解安全输血的原则。

二、活动准备

1.材料用具

（1）ABO血型系统模型。

（2）模拟血型鉴定实验材料及用具。试管、吸管、载玻片等；模拟配制的"A型血"（$0.02\ mol/L\ Pb(NO_3)_2$）、"B型血"（$0.02\ mol/L\ BaCl_2$）、"O型血"（蒸馏水），"AB型血"（上述"A型血"和"B型血"等量混合）和"A型血清"（$0.02\ mol/L\ AgNO_3$），"B型血清"（$0.02\ mol/L\ NaI$）。

2.分组分工

两人为一小组完成模拟血型鉴定实验。

3.注意事项

此实验使用到化学试剂，在实验过程中注意取用试剂的安全。

三、活动过程

（一）人体ABO血型系统

奥地利科学家卡尔·兰德斯坦纳通过实验发现，人体血液中的红细胞有不同的类型。他将其分为A型、B型、AB型和O型四种，这就是ABO血型。每种血型的血清中含与红细胞相对抗的凝集素。当红细胞与相对抗的凝集素相遇时，就会发生凝集反应，如图1所示。

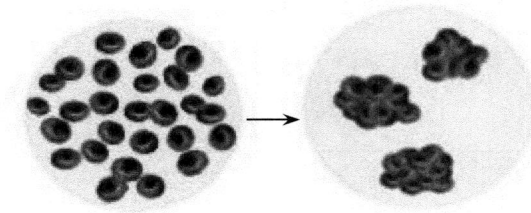

图1　红细胞凝集反应

（二）利用配置的模拟血型的血试剂，开展模拟血型鉴定

1.原理

（1）红细胞表面有两种凝集原（A凝集原和B凝集原），血浆中的血清有与其相对应的凝集素（抗B凝集素和抗A凝集素），ABO血型的凝集原和凝集素情况，如表1所示。

表1　ABO血型的凝集原和凝集素

血型	红细胞中凝集原	血清中凝集素
A型	A凝集原	抗B凝集素
B型	B凝集原	抗A凝集素
AB型	A凝集原、B凝集原	无
O型	无	抗A凝集素、抗B凝集素

（2）模拟配制的血型化学试剂之间会发生沉淀反应：

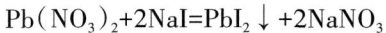

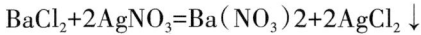

$Pb(NO_3)_2+2NaI=PbI_2\downarrow+2NaNO_3$

$BaCl_2+2AgNO_3=Ba(NO_3)2+2AgCl_2\downarrow$

本活动为模拟鉴定活动，红细胞凝集现象在本活动中表现为"沉淀"现象，即"有沉淀产生"模拟"有凝集现象"。

2.实验步骤

（1）在载玻片的左、右两边分别标记"A""B"，并滴加模拟配置的"A型血血清""B型血血清"。

（2）在模拟配制的血清中滴加模拟配置的血液样本，静止后观察。

3.记录实验现象，如表2所示

表2　模拟血型鉴定实验结果表

血液样本	实验现象		鉴定
	A型血血清	B型血血清	血型
1号			
2号			
3号			
4号			

4.结果与结论

血型不同会发生现象，故输血应遵循相应的安全输血原则，即同型血相输。

5.表达和交流

为什么安全输血应以输同型血为原则？在没有同型血的紧急情况下，任何血型的人，是否可以少量输入O型血？为什么？为什么输入异型血时，需要少量而且还要缓慢地输入？

四、综合性作业与答案

1.综合性作业

（1）发现人类血型的科学家是（ ）

A.威廉·哈维 B.兰德斯坦纳 C.罗伯特.虎克 D.巴斯德

（2）由于血型不符，输血后凝集成团的是（ ）

A.红细胞 B.白细胞 C.血小板 D.血浆

（3）某人因大量出血危及生命，必须输血，此人血型为AB型，他最应输入的血型为（ ）

A.A型 B.B型 C.O型 D.AB型

（4）重复开展模拟血型鉴定活动，熟悉血型鉴定的现象和结果。

2.参考答案

（1）B （2）A （3）D （4）略

五、评价与反思

参照表2，对你本次活动进行评价与反思。

表2 跨学科实践活动评价与反思表

评价指标	评价标准	评价等级 （填：优秀、一般、合格）
参与程度	小组成员有明确的职责，能发挥自己的作用	
合作交流	积极参加小组讨论，并提出自己的观点	
创新意识	活动有创新意识，并能在成果中实现	
反思：你认为此活动中最有意思或最感兴趣的步骤或细节是什么？ 签名： 年 月 日		

教学参考

通过学习，学生已经知道了血液在人体中循环，能够运输氧气和二氧化碳、营养物质与代谢废物，保证身体各个脏器的新陈代谢，维持人体的正常生理功能。根据生活经验，学生也都知道当人体失血时，就需要输血。那么，输血需要遵循怎样的原则呢？人有哪几种血型？怎样才能做到安全输血呢？

情景1：在医学研究史上，有输血成功和失败的案例，为什么会这样？人与人的血型有没有区别？

情景2：高速汽车追尾事故中，有伤员被紧急送至医院，医生要为他们输血急救。如何输血急救呢？

通过科学史的阅读，激发学生学习生物学的兴趣；运用红细胞等模型，帮助学生了解人体血型的类型。教师介绍ABO血型系统，并指导学生使用化学试剂模拟血型鉴定。在这个过程中，渗透化学反应相关知识，帮助学生初步认识化学，感受化学反应的神奇，同时建立物质观，结构和功能观等生命观念，使学生对输血和血型有关的生物学知识能形成比较全面的认识。

一、教学方案

（一）提出问题

人体ABO血型系统中，将人的血型分为哪几种类型？（生物学、语文）

你可以利用化学试剂，模拟血型鉴定吗？（生物学、化学）

你可以归纳安全输血的原则吗？（生物学、语文、化学）

（二）教学计划

1.课前计划

（1）查阅相关科学史资料。

（2）了解化学相关知识，并配置相关化学试剂。0.02 mol/LPb（NO$_3$）（模拟配制的"A型血"）、0.02 mol/LBaCl$_2$（模拟配制的"B型血"）、蒸馏水（模拟配制的"O型血"），上述"A型血"和"B型血"等量混合（模拟配置的"AB型血"）和0.02 mol/LAgNO$_3$（模拟配置的"A型血清"），0.02 mol/LNaI（模拟配置"B型血清"）。

2.课中计划

（1）指导学生利用化学试剂完成模拟实验"血型鉴定"。

（2）指导学生归纳输血原则，提出倡导无偿献血。

3.课后计划

交流讨论。

（三）教学思路

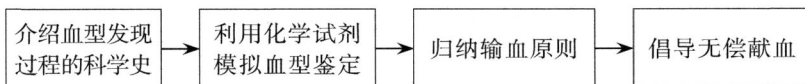

二、教学设计

（一）跨学科实践教学目标

教学目标	涉及学科	核心素养
学习ABO血型，了解人体血型类型，建立生物的物质观、结构与功能观	生物学	生命观念、结构和功能观
通过血液凝集现象和红细胞中凝集原模型、血清中凝集素模型的认识，构建生物体结构和功能相适应的观念	生物学	生命观念、结构和功能观

教学目标	涉及学科	核心素养
通过开展模拟血型凝集和模拟血型鉴定的实验，运用记录数据，比较、归纳等方法，培养学生分析问题的能力，使学生初步掌握科学思维方法	生物学 化学	科学思维、探究实践 化学观念
理解安全输血的原则，认同我国无偿献血制度，形成成年公民应当积极参加无偿献血意识	生物学	态度责任
通过资料阅读和对实验结果的汇报，培养学生的语言表达能力	语文	语言运用
使用相关化学试剂时，要关注数量、比例，使学生理解"数量""比例"等跨学科概念	化学	化学观念

（二）教学准备

相关视频资料、模拟血型鉴定实验材料、红细胞凝集原模型等教具、课件。

（三）教学重难点

1.教学重点

（1）ABO 血型的类型以及安全输血的原则。

（2）认同我国的无偿献血制度，形成成年公民应当积极参加无偿献血的意识。

2.教学难点

（1）通过科学史的阅读、模型的观察，学习 ABO 血型的类型。

（2）引入化学知识，渗透化学学科核心素养，引导学生通过观察和分析，理解安全输血的原则。

（四）教学过程

教学环节	教师活动	学生活动	设计意图
复习旧知导入新课	体内血量的相对稳定，对于维持人体正常的生理活动有重要意义。如果一次性失血1200～1500毫升就会危及生命。此时我们必须输血。输血是抢救失血过多病人的有效措施之一 设疑：我们应该如何输血呢？ 今天我们共同来学习输血与血型 板书：输血与血型	思考并回答问题	通过复习旧知，导入新课，为本节内容做铺垫 通过设疑制造悬念，激发学生的学习兴趣
教授新课血型	资料分析：出示血型发现过程的科学史 设疑：在人类发现血型之前，输血这种勇敢的尝试大多导致悲剧性的结果，为什么呢？ 讲述：1900年，奥地利科学家卡尔·兰德斯坦纳在实验中发现了血型。兰德斯坦纳在实验中发现，一个人的红细胞，在遇到某些人的血浆时，这些红细胞会黏结在一起，也就是发生凝集，遇到另一些人血浆时，却不会发生凝集。他研究发现血液中红细胞的表面有凝集原，根据凝集原的不同将血液分为A型血、B型血、AB型血和O型血 出示模型、展示红细胞、凝集原、凝集素。指导学生完成小组活动：使用纸质模型拼出B型血、AB型血及O型血中凝集原和凝集素的组成	阅读资料，分析资料，思考问题 听一听、讲一讲、想一想	通过科学史的介绍，引导学生理解输血与血型有关，同时也让学生理解科学的本质 在讲科学史的故事中渗透语文表达能力的培养 通过模型，让学生形象地理解红细胞上的凝集原和血清中凝集素

教学环节	教师活动	学生活动	设计意图
安全输血	过渡：如果输血过程中，血型不一致可能会有什么现象呢？ _(见下表)_ 提问：根据血型鉴定结果，四位病人分别应该输入哪种血型呢？为什么？ 点拨：一般情况下，输血时应该以输入同型血为原则 提问：在没有同型血可输且情况紧急时，我们可以输入异型血吗？输入什么样的异型血呢？ 讲述：这种情况下，我们可以选择输入不容易引起凝集反应的异型血 _(见下表)_ 提问：输入异型血时需要注意什么呢？ 点拨：少量的，缓慢地输入 提问：血液中缺乏某些成分需要输血时，怎么办？ 点拨：成分输血——缺什么补什么。可以大大提高病人输血治疗的效果，降低输血不良反应的发生率，也避免血液的浪费	观察血液中红细胞表面的凝集原和血浆中凝集素的类型。两人一组合作开展小组活动一组合作完成实验，并记录实验现象，分析实验结果 学生思考、回答 通过已学知识，回答问题	通过实验，激发学生兴趣，并提高学生实验分析的能力 以表格的形式汇总，让学生直观地看到可接受血型和可输给血型，便于学生记忆 联系生活实际，让学生理解成分输血

血液样本	实验现象		鉴定血型
	A型血血浆	B型血血浆	
1号	（−）	（＋）	A型
2号	（＋）	（−）	B型
3号	（−）	（−）	O型
4号	（＋）	（＋）	AB型

某人血型	可接受血型	可输给血型
A	A、O	A、AB
B	B、O	B、AB
AB	AB、A、B、O	AB
O	O	O、A、B、AB

教学环节	教师活动	学生活动	设计意图
倡导无偿献血	过渡：血液从何而来呢？ 播放无偿献血公益广告 提出讨论问题：对于无偿献血你有什么看法？ 点拨：无偿献血是拯救他人生命、奉献爱心的行为，是献血者自愿将自己的血液无私奉献给社会公益事业而不要任何报酬的行为。 播放献血的新闻报道，发出倡议：作为一个健康的公民，应当积极参加无偿献血，为挽救他人的生命奉献爱心	观看视频 学生畅谈自己的观点	通过公益广告，激发学生对无偿献血的认识 认同我国无偿献血制度，形成积极参加无偿献血意识
课堂小结	ABO血型的类型，安全输血原则		
布置作业	完成练习题，并设计一张无偿献血的宣传海报，进行评价	完成作业，进行自评和他评	综合性作业，体现实践性、跨学科性

（五）课后反思

本节教学中，以学生自主学习和小组合作学习为主，教师在教学过程中起组织、协调、指导的作用，让学生主动参与，积极思考，充分发挥学生学习的主体作用。

本节课，教师从日常生活中发生的受伤事件入手，引导学生思考在失血时需要怎样做，通过讲述血型的发现史，帮助学生了解科学的发现过程，激发学生的科学探索精神。在此基础上，教师为学生提供可用于模拟血型鉴定的化学试剂并介绍相关化学知识，在生物课堂中有机地融合化学知识，激发学生学习化学的兴趣，并通过可视的化学现象，帮助学生理解血型的分类以及输血的原则。在授课过程中，探究活动"模拟血型鉴定"能够把学生的积极性彻底调动起来。学生打开思维，提出了一些教师没有提出的问题。教师可让学生大胆尝试，通过实验验证，自然引入"血清""凝集原""凝集素"等相关概念，顺理成章地将化学知识与生物学知识相融合，完成学科之间的渗透。

三、实操案例

（一）活动内容

2023年4月，马鞍山市花园初级中学胡泰桢老师，开设了一节项目研究课，课程名称为《输血与血型》。本节课中，胡泰桢老师结合教学内容，将教材中的血型文字介绍部分，创新地改进为学生现场模拟实验，利用化学反应的沉淀现象来模拟"红细胞的凝集现象"，帮助学生更好地理解ABO血型系统，如图2所示。模拟实验前，胡老师详细介绍了用到的化学试剂及相关的化学反应方程式，指导学生理解模拟实验的原理并积累相关化学知识，激发学生学习化学知识的兴趣，提高了学生实验分析的能力。胡老师通过具体情境的设置，强化血型鉴定在生活中应用的实践意义。本节课在课本知识的基础之上，引入化学知识，设计模拟实验，将生物学与化学知识有机结合，取得良好的教学效果。

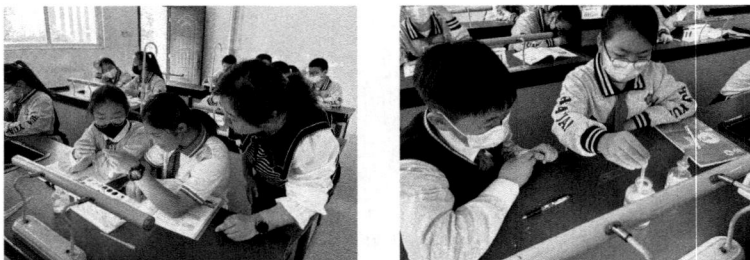

a.指导学生实验　　　　　　　　　　b.学生实验

图2　《输血与血型》研究课

（二）活动反思

本节课整体上条理清晰，层次分明，教学效果良好，但还有一点美中不足，那就是没有能够让学生见一下献血证，以及献血为自己获得的荣誉。在今后的教学上，教师要多准备一些资料，使学生的知识不只局限于课本知识。

第十九篇　速度与激情

基本概况

　　神经调节是人体生命活动的主要调节方式。为了帮助学生对反射以及反射的结构基础——反射弧的概念有进一步的认识，并且指导学生将这些知识应用到情境中，本篇围绕测定反应速度的探究开展跨学科实践活动，综合利用生物学、数学、心理健康等知识，引导学生了解自己的反应速度，正确认识和接纳自己的反应速度。

　　本篇的跨学科实践活动能够帮助学生从反应速度这个角度进一步地认识反射以及反射弧。本篇跨学科实践活动融合物理学、心理健康、数学、语文等学科，全面真实的培养学生的科学探究能力，激发探索科学的兴趣，指导学生学会使用物理公式计算出自己的反应时间，正确地认识和接纳自己的反应速度。

　　本篇跨学科实践活动首先从引导学生直观地读取直尺上的数字，感受一个人的反应速度入手，引入物理学中自由落体公式，指导学生计算自己的反应时间。教师在跨学科实践活动中，需要指导学生完成系列实践活动任务。任务一，设计实验探究自己的反应速度（生物学、语文）；任务二，学习物理公式，计算自己的反应时间（物理、数学）。

　　依据新课标课程内容中的"人体生理与健康"学习主题，结合初中生物学教学进度，本篇的跨学科实践活动可以在八年级第一学期开展，建议安排1课时。

神经调节是人体生命活动的主要调节方式。人体生命活动的协调有序主要依靠神经系统的调节作用。人体通过神经系统对外界或内部的各种刺激所发生有规律的反应就是反射。反射是通过一定的神经结构——反射弧来完成的。人体能够完成许许多多的反射，具有许许多多的反射弧。这些反射弧有着共同的结构模式，都是由感受器、传入神经、神经中枢、传出神经和效应器组成的。

某人丢过来一个篮球，你能够不假思索地一把接住，他会说："反应真快。"同学们，你觉得你的反应速度快不快呢？你认为的反应速度和哪些因素有关系呢？关于一个人的反应速度，你还有其他疑问吗？一起来做实验探究一下吧。

一、任务挑战

通过实验测定自己的反应速度。根据物理学公式计算出自己的反应时间。

二、活动准备

1.材料用具

刻度尺，实验记录表。

2.分组分工

两人为一小组，相互合作测定每个人的反应速度。

三、活动过程

（一）测一测，反应速度是多少？

先了解一下自己在专注状态下的反应速度，想一想一个人的反应速度会受到哪些因素的影响呢？你想要探究什么问题呢？

1. 提出问题

你要探究的问题是什么？

2. 作出假设

针对你要探究的问题，根据自己的生活经验做出假设。

3. 制订计划

学生可以用实验的方法来探究你所提出的问题。两位学生为一组，让一位学生用手捏住一把尺子上刻度值最大的一端，另一位学生将拇指和食指对准这把尺子上刻度值为零的一端，拇指与食指之间的距离保持在1cm左右。眼睛要盯着同学的这只手，一旦该学生松开手，你要尽快用拇指和食指夹住这把尺子。记录下你夹住尺子处的刻度，这样刻度值的大小就可以反映你的反应速度了。

学生在制订出初步的探究计划后，要和同组的同学讨论和完善计划。在这个过程中，要注意考虑以下问题：测一个人在一种状态下的反应速度时，有没有必要重复测几次？如果有必要测一个人在不同状态下的反应速度或比较不同人的反应速度时，重复的次数要一样多吗？抓住尺子时，手指与尺子接触的部分大约1cm长，你准备怎样读取尺子上的刻度值？每次测量时读取数值的方法应当一样吗？结果记录是否需要设计表格？你准备怎样设计表格？

4. 实施计划

请各小组按照拟定好的探究计划开始探究活动。

5. 得出结论

小组的实验结果与假设一致吗？你们的结论是什么？

6. 表达和交流

将交流与思考的过程记录下来。

（二）算一算，你的反应时间是多久？

自由落体计算公式：下落高度 $h = \dfrac{1}{2}gt^2$，其中 g（重力加速度）等于 9.8 m/s²。拿出笔来算一算，反应速度是多少米每秒呢？

四、综合性作业与答案

1.综合性作业

用扑克牌算24点是一种智力游戏。该游戏不仅可以培养我们的专注力和思维力，还可以训练我们的反应速度，快和爸爸妈妈一起用扑克牌算24点吧。

2.参考答案

略。

五、评价与反思

参照表1，对本次活动进行评价与反思。

表1　跨学科实践活动评价与反思表

评价指标	评价标准	评价等级 （填：优秀、一般、合格）
参与程度	小组成员有明确的职责，能发挥自己的作用	
合作交流	积极参加小组讨论，并提出自己的观点	
创新意识	活动有创新意识，并能在成果中实现	
反思：你认为此活动中最有意思或最感兴趣的步骤或细节是什么？		

签名：　　　年　　月　　日

教学参考

　　探究"测定自己的反应速度"是一个全过程的探究，要求学生独立完成完整的探究活动，包括从提出问题、作出假设、制订计划到实施计划和得出结论的全过程。鉴于此，这部分内容有很大的开放性。本节课在课本实验的基础上，融合物理学、数学、语文等学科，引导学生了解自己的反应速度。本次实践活动全面真实地培养学生的科学探究能力，激发学生探索科学的兴趣，使学生初步具有跨学科实践能力。

　　情境：面对砸过来的篮球，你能迅速接住它吗？你的反应速度怎么样？设计实验探究一下吧。

一、教学方案

（一）提出问题

　　你知道你在专注情况下的反应速度是多少吗？反应速度和哪些因素有关呢？设计实验和同学一起探究一下吧。（生物学、语文）

　　你的反应时间是多少呢？（物理、数学）

（二）教学计划

　　课前计划：查阅资料了解物理、数学相关知识。

　　课中计划：指导学生完成实验探究"测定自己的反应速度"。

　　课后计划：交流讨论。

（三）教学思路

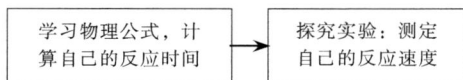

二、教学设计

（一）跨学科实践教学目标

教学目标	涉及学科	核心素养
通过实验探究测定自己的反应速度	生物学	科学思维、探究实验
根据物理学公式计算出自己的反应时间	物理 数学	物理观念、科学思维 数学运算、数据分析

（二）教学重难点

1.教学重点

（1）组织开展探究实验，通过提问的形式有目的地引导学生独立完成完整的探究活动。

（2）指导学生利用物理公式计算出自己的反应时间。

2.教学难点

引入物理公式，指导学生利用物理公式计算出自己的反应时间。

（三）教学准备

1.教师准备

提前分组，确定组长。

2.学生准备

刻度尺。

（四）教学过程

教学环节	教师活动	学生活动	教学意图
情境导入	将物品抛给学生，观察学生的接物情况，回顾神经调节的基本方式及相关生物学知识。（设疑）你知道自己的反应速度吗？	体验感受，回顾旧知	利用情境引发学生思考，激发兴趣
测定自己的反应速度	布置任务，开展小组探究实验	两人一组，讨论设计实验过程，并实施实验。	培养学生的科学探究能力。通过实验帮助学生了解自己的反应速度
计算反应时间	播放视频，指导学生了解物理学科自由落体相关实验。展示自由落体计算公式，指导学生利用公式计算自己的反应时间	观看视频，了解自由落体相关知识计算自己的反应时间，学生之间表达交流	激发学生学习物理的兴趣。通过计算了解自己的反应时间
表达与交流	用一句话说感受	进行展示和交流	使学生及时回顾活动中的收获，肯定自己，激发兴趣
作业与交流	布置作业	邀请家人，完成游戏跟同学、家人说一说	综合性作业，体现实践性、跨学科性

（五）课后反思

　　本节课的授课对象是七年级下学期的学生。学生经过七年级下学期的学习，已经了解生物学探究活动的基本流程与方法，能够小组合作或独立完成本节课完整的探究活动。本节课在设计过程中主线清晰，先指导学生自己独立设计完整的探究活动并实施，从而了解到自己的反应速度。接着引入物理学公式，指导学生运用公式计算出自己的反应时间。

三、实操案例

(一) 活动内容

2024年4月，马鞍山市花园初级中学吴莎莎老师开设了一节项目研究课，课程名称为《速度与激情》。本节课中，吴老师在设计教学内容的过程中，将课本测定反应速度的实验，做了创新性的延伸，在课本记录尺子刻度值的基础上，渗透物理学科"自由落体运动"的相关计算，指导学生计算出自己的反应时间，帮助学生更加直观地了解自己的反应速度，如图1所示。本节课在课本知识的基础之上，引入物理、数学，将多学科知识进行了很好地融合，有效激发学生的学习兴趣，取得良好的教学效果。

图1 《速度与激情》研究课

(二) 活动反思

本节课在授课过程中应当特别注意，自由落体的公式推导相关知识并不是本节课的授课内容，本节课只是激发学生的物理学习兴趣，对于公式得出不作详细介绍。教学过程中引导学生知道公式，能够应用公式去计算自己的反应时间即可。

第二十篇 耳和听觉

基本概况

本篇围绕耳和听觉的关系，聚焦"耳的结构和各结构的功能，以及听觉的形成"这一重要概念，综合利用生物学和物理等学科知识，探究耳的各部分结构及功能，以及声音的产生和传播方式。

本篇聚焦的问题包括"声音是怎么产生和传播呢？""声波传入耳中，经过耳的哪些结构呢？""鼓膜在传递声波中具有什么作用呢？""听觉是怎样形成的呢？"等。在对这些问题的探究与实践过程中，需要学生动手制作鼓膜模型，观察现象，得出结论。本篇的跨学科实践活动融合了生物学、物理、语文、美术、信息技术和劳动等多学科知识，渗透了生命观念、物理观念、语言运用、审美判断、信息意识等核心素养的培育。同时，本篇跨学科实践活动对学生的科学思维、科学探究、劳动能力等核心素养的培育也是至关重要的。

本篇将开展下列探究性任务或实践性任务。任务一，观察敲击的音叉放入水中现象，以及观察发声的喇叭使蜡烛烛光摇曳的现象（物理、生物学）；任务二，阅读教材，学习耳的基本结构（物理、生物学）；任务三，制作鼓膜模型，在"鼓膜"上撒适量芝麻，在"鼓膜"旁敲击音叉并观察（物理、劳动）；任务四，通过动画展示、阅读教材、讨论等方式，分析听觉的形成（语文）；任务五，设计"关爱听障人士"的标语（美术、语文）。

依据新课标课程内容中的"人体生理与健康""生物学与社会·跨学科实践"学习主题，结合初中生物学教学进度，本篇的跨学科实践活动可以在八年级第一学期开展，建议安排1课时。

生本课程

视觉是我们获取外界信息的主要途径，而听觉信息的数量仅次于视觉信息。听觉让我们感受到声音，那声音是怎样形成的呢？听觉的形成离不开感觉器官——耳，耳的基本结构和功能是怎样呢？听觉又是如何形成的？我们一起设计实验，求证答案吧。

一、任务挑战

观察发声的音叉让水花溅起，以及发声的喇叭使蜡烛烛光摇曳，从物理角度分析声音的产生及传播方式。阅读教材，学习耳的基本结构。通过实践活动、观看动画视频等方式探究耳各部分的结构和功能。通过阅读教材、观看动画视频分析听觉形成的大致过程，并说出保护耳和听觉的方法。通过播放励志视频，感受听障人士取得成功的不易，设计"关爱听障人士"的标语。

二、活动准备

材料用具：杯子、气球、芝麻、音叉、音叉锤、盆装清水等。

三、活动过程

（一）声音的产生以及传播方式

在展示台上放置一盆清水，请一位学生分别将敲击后的音叉和不敲击的音叉放入清水中，其他学生观察，如图1所示。

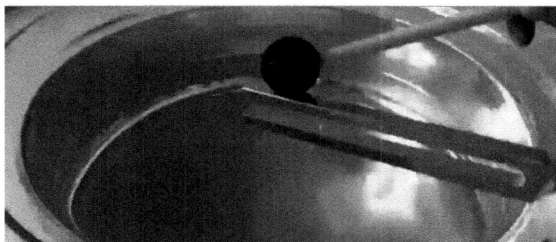

图1　声音产生模拟实验

播放视频：发声的喇叭使蜡烛烛光摇曳。通过视频中的现象，说明声音传播方式。

（二）耳的结构及其功能

学生自主阅读教材，认识耳的各部分结构。说一说耳的各部分结构名称。

1.耳郭

播放一段音频，将音量不断调小，学生将手掌略收起来，放在耳郭后面。

2.中耳

（1）探究鼓膜的作用。用气球模拟鼓膜，固定在水杯上，如图2所示。在"鼓膜"上撒适量芝麻，在"鼓膜"旁敲击音叉，如图3所示，并观察。

图2　自制鼓膜模型

图3　探究鼓膜的作用

（2）通过播放动画，观察鼓膜和听小骨的相互推动。

3.鼓室和咽鼓管

如果你坐过飞机，那么说一说飞机起飞和降落时耳的感受。观看相关视频或图片，了解鼓室是通过咽鼓管与咽相通。根据上述结构特点，说一说如何减轻飞机起飞和降落时耳的不适呢？

4.内耳

展示内耳的各组成部分。阅读教材，学习耳蜗、半规管和前庭的功能。

（三）听觉的形成

通过动画展示、阅读教材、讨论等方式，分析听觉的形成。

（四）耳和听觉的保护

说出保护耳和听觉的方法。

（五）课堂小结

通过概念图总结听觉的形成过程，以及听觉形成过程涉及耳的各个结构。

（六）课后实践

学生设计"关爱听障人士"的标语。

四、综合性作业与答案

1.综合性作业

尝试做一个内耳的模型，并上传至班级群。（要求能体现出耳蜗、半规管和前庭的形态特征）

2.参考答案

略。

五、评价与反思

参照表1，对你本次活动进行评价与反思。

表1　跨学科实践活动评价与反思表

评价指标	评价标准	评价等级 （填：优秀、一般、合格）
参与程度	小组成员有明确的职责，能发挥自己的作用	
合作交流	积极参加小组讨论，并提出自己的观点	
创新意识	活动有创新意识，并能在成果中实现	
你认为此活动中最有意思或最感兴趣的步骤或细节是什么？ 　　　　　　　　　　　　　　签名：　　　　年　　月　　日		

教学参考

通过跨学科活动的开展，理解耳是复杂感觉器官，渗透结构与功能相适应的生命观念，进一步提高制作教具和动手操作的能力。

一、教学方案

（一）提出问题

听觉让我们感受到鸟鸣声和潺潺溪流声，那声音是怎么产生和传播呢？（生物学、美术、音乐）

声波传入耳中，经过耳的哪些结构呢？（生物学、物理）

鼓膜在传递声波中具有什么作用呢？（生物学、物理）

听觉是怎么形成的呢?(生物学、物理)

(二)教学计划

观察敲击的音叉放入水中所产生的现象,以及发声的喇叭使蜡烛的烛光摇曳视频。阅读教材,学习耳的基本结构。制作鼓膜模型,在"鼓膜"上撒适量芝麻,在"鼓膜"旁敲击音叉并观察。通过动画展示、阅读教材、讨论等方式,分析听觉的形成。设计"关爱听障人士"的标语。

(三)教学思路

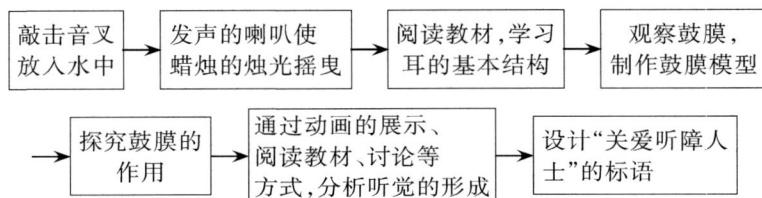

二、教学设计

(一)跨学科实践教学目标

教学目标	涉及学科	核心素养
通过展示鸟儿图片,播放鸟鸣声和潺潺溪流声,培养学生欣赏美和感受美的情趣	生物学 美术 音乐	生命观念 审美判断 审美感知
通过观看图片,明确耳的结构,结合自身经验,尝试推断各结构的功能,进一步建构结构与功能相适应的生物学观点	生物学	生命观念
观察敲击的音叉放入水中所产生的现象,以及发声的喇叭使蜡烛烛光摇曳视频。展示敲击音叉使鼓膜振动,培养学生观察能力和科学思维能力	生物学 物理	探究实践 科学思维

教学目标	涉及学科	核心素养
分析耳在听觉形成过程中所起的作用，使学生学会关注自身健康，形成健康的生活态度。设计"关爱听障人士"的标语，通过各种方式宣传，培养社会责任感	生物学 美术 信息技术	生命观念、态度责任、信息意识、信息社会责任
通过展示交流与评价，培养学生的语言表达能力	语文 劳动	语言运用，思维能力
尝试制作鼓膜模型，渗透劳动教育。在模型制作过程中，要关注形状、尺度、比例和数量等，帮助学生形成"结构与功能""尺度、比例和数量"等跨学科概念	生物学 数学 劳动	生命观念 数学建模 劳动能力

（二）教学准备

多媒体课件、杯子、气球、芝麻、音叉、音叉锤、相关视频和动画、课前学生参与制作鼓膜模型。

（三）教学重难点

耳的结构及各主要组成部分的功能，听觉的形成过程。

（四）教学过程

教学环节	教师活动	学生活动	教学意图
引入新课	课件呈现鸟儿和一段音频。提问：看到鸟儿离不开哪一感觉？听到鸟鸣和潺潺溪流声又需要什么感觉？	观看、聆听，激起学生的注意思考并回答	借助多媒体，让学生直接感知视觉和听觉。渗透审美判断
	结合图片，思考如果失去听觉，会是什么情况？	学生结合实际情况，思考并回答	培养学生的表达能力，并认识到听觉的重要性。渗透进化与适应观

教学环节	教师活动	学生活动	教学意图
活动1：声音的产生和传播	敲击后的音叉放入水中，观察现象 播放视频：发声的喇叭和摇曳的烛光	观看，思考并回答	现场展示活动，让学生直观感受声音的产生；观看视频，分析声音的传播。开展跨学科实践活动，体现物理学科的知识
活动2：耳的结构	展示耳各结构的图片	阅读教材，总结耳的各组成部分	获取书本信息，对耳结构的总体认识
活动3：耳各结构的功能	外耳：展示耳郭，并播放一段音频，将音量不断调小，学生将手掌略收起来，放在耳郭后面 展示外耳道，学习外耳道的功能	说出自己的感受，思考耳郭的功能	通过现场感受，在感性认识的基础上，耳郭的功能。渗透结构与功能观，进化与适应观
	中耳：敲击音叉使芝麻跳起来，探究鼓膜的作用。展示听小骨工作动画 请坐过飞机的学生说出飞机起飞和下降时，有关耳的感受，播放视频	观看演示实验，说出现象，分析鼓膜的作用；结合动画，推断听小骨的作用；结合自身体验和视频分析咽鼓管对维持鼓室气压的作用	通过现场展示，学生直观感受声波使鼓膜产生振动。开展跨学科实践活动，利用物理学思维和方法。通过坐飞机的体验、视频讲解、咽鼓管图片展示等方式，强化结构与功能相适应。渗透结构与功能观
	内耳：展示内耳的各组成部分 请学生闭眼摇头	阅读教材，学习耳蜗的功能；闭眼摇头，感受头部位置，结合晕车、晕船体验，分析半规管和前庭的作用	通过图片，教材，获取信息，闭眼摇头，在感性认识的基础上，引导学生思考，分析内耳各组成部分的功能。渗透结构与功能观

教学环节	教师活动	学生活动	教学意图
活动4 听觉的形成	展示听觉形成过程的动画	观察，讨论，填写	结合视觉的形成，更易理解，听觉的形成还需要听觉神经以及听觉中枢
活动4 听觉的形成	结合听觉形成的过程，思考耳的哪些结构受损可能影响听觉的产生 生活中如何保护我们的耳	讨论，思考并回答	培养学生分析问题的能力，促进学生思维的发展，使学生认识到保护耳的重要性，渗透结构与功能观 学生交流，组织语言回答问题，培养语言表达能力
	播放感动中国2021年度人物江梦南（双耳失聪却励志不懈考上清华大学）的事迹	观看	通过江梦南的事迹，激励学生敢于面对困难，积极乐观向上的生活态度
感觉	提问：除了视觉和听觉，人体感知外界环境还需要哪些感觉？	结合自身经验，活动	多种感觉功能，让我们全面、准确、迅速感知环境变化，从而更好地适应环境，渗透结构与功能观、进化和适应观
小结	概念图：总结耳的结构及功能，听觉的形成	回忆，填写	形成系统的知识网络
学以致用	课堂练习	分析，回答	运用并巩固所学
布置作业	课外实践：设计"关爱听障人士"的标语	动手实践	综合性作业，体现实践性。希望学生运用所学，关心他人和增强社会责任

（五）课后反思

通过开展各种活动，体现以学生为主体这一理念。设置多样化问题，激发学生思考，突破重难点。从结构和功能相适应的角度，讲解耳的各结构和听觉的形成过程。

跨学科实践活动的开展，让学生在实践中体验感知，最终认同声音是通过物体振动产生，通过播放视频，感知发声的喇叭使烛光摇曳，明确声音传播方式，为探究鼓膜的振动做铺垫。遗憾的是课堂上只邀请了两位学生进行演示实验，实验现象不明显，应多让一些学生进行操作。

通过本节课的学习，学生认识到耳和听觉的重要性，从而在生活中能更注意保护自己的耳和听觉，并且课后通过设计"关爱听障人士"的标语，让学生动手实践，在活动中树立对生命敬畏的意识。

三、实操案例

（一）活动内容

2022年4月18日，马鞍山市第七中学以"精研新课标，开展跨学科教学，构建优质课堂"为主题，开展了"跨学科主题实践活动课"及"1+4"教研活动，如图4所示。

图4　市教研活动听课教师听课中

由马鞍山市第七中学舒老师进行公开课展示，课题为《人体对外界环境的感知——耳和听觉》。胡业舒老师根据新课标理念对课程进行设计，用生动的语言和引人入胜的实验，深入浅出地讲解了耳部的基本结构及其功能，结构清晰便于学生理解并记忆，如图5所示。

图5 《人体对外界环境的感知——耳和听觉》实践活动课

在课程中，胡业舒老师开展了声音的产生、声音的传播方式、探究鼓膜的振动（如图6所示）等多个跨学科实践活动。让学生在实践中体验感知，最终认同声音的产生来源于声波的振动，引导学生总结声音的形成过程。最后播放江梦南的事迹，培养学生的社会责任感。

图6 探究鼓膜振动

马鞍山市教育科学研究所禹萍老师带领听课老师进行了评课与研讨。胡业舒老师的课程体现了新课标的跨学科教学理念，做到了时刻关注学生，让学生做课堂的主人，师生互动充分，在生物教学中体现了结构决定功能，渗透了核心素养。

禹萍老师总结道，教师在解读课标的基础上，应当结合教科书内容，解读整体概念体系。学生需要依托情境，在感性体验的基础上进行理性思维，从而提炼生物学重要概念，体现生物学观念，落实生物学学科核心素养。课堂教学的转型是改革的主阵地，也是改革的成功所在。新课程的实施对生物教师来说都是一个全新的开始，也是一个全新的挑战。

（二）活动反思

探究鼓膜的振动的实验中，音叉的频率、气球的弹性、气球密封水杯使气球紧绷状态、敲击音叉的力度和位置等都会影响实验现象。在"鼓膜"上撒适量芝麻，分别敲击音叉的最前端、中段、末端，其中敲击音叉最前端，芝麻跳动更明显。通过这样的跨学科活动，将物理融入生物课堂，突破学科界限，既锻炼了学生科学探究的能力，又培养学生的科学思维。

在课后开展实践活动，让学生自主设计关于"关爱听障人士"标语，并在社区宣传，如图7所示，引起更多的人关注，也让学生学会爱，更懂得爱，做一个有爱的人。

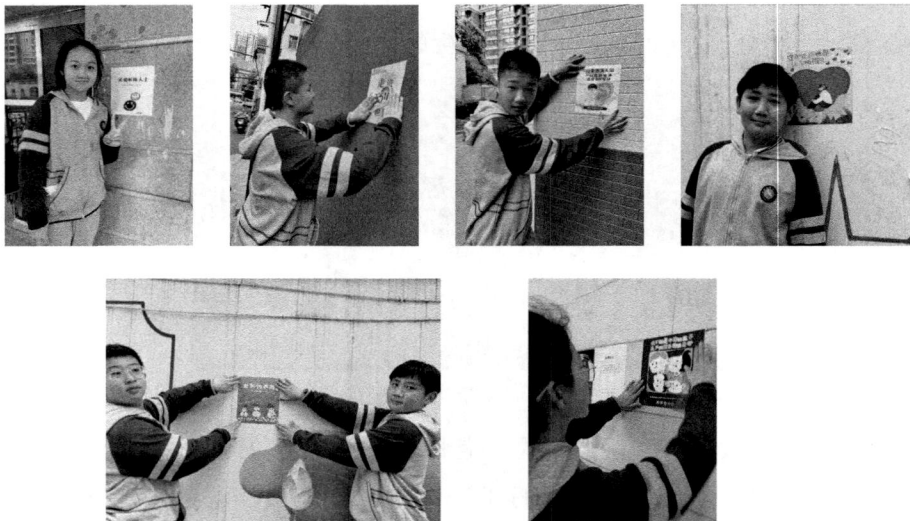

图7　宣传"关爱听障人士"标语